Sous la direction de
Dominique Borne et *Jacques Scheibling*

La Chine

Territoire et société

Thierry Sanjuan

HACHETTE

Nous suivons, tout au long du livre, la transcription alphabétique *pinyin* de la prononciation en chinois mandarin de tous les mots communs et noms propres, à l'exception des noms dont l'appellation occidentale est déjà largement diffusée dans la langue française (Yangtsé, Amour, Pékin, Nankin, Hong Kong...).

Transcription pinyin	**Prononciation française approchante**	**Exceptions**
a	a	*-ian* ou *yan* comme « hyène » *ai* comme « ail »
e	e	*-ie* ou *ye* comme « Yémen » *ei* comme « soleil »
i / yi	i	après *c, ch, r, s, sh, z* ou *zh* : « e » *hui* comme « rouet »
o / ou	o	
u	ou	après *j, q, x* ou *y* : « u » *yun* comme « ruine » *-iu* précédé d'une consonne : « io »
ü	u	
c	ts (aspiré)	
ch	tch (aspiré)	
g	g dur	
h	jota espagnole	
j	dj sifflant	
-n (*an, in, un*)	*-n* (*an* comme « âne »)	
-ng (*ang, eng, ing, ong*)	*-ng* (*ying* comme « parking »)	
q	tch	
r	j	
sh	ch	
w	*w-* comme « Washington »	*wu* comme « ou »
x	ch sifflant	
z	dz	
zh	dj comme « jazz »	

Mise en pages : D. Grosmangin
Cartographie : Florence Bonnaud

ISBN : 2-01-145131-0

Avant-propos

La Chine échappe à toute tentative de classification. Pays le plus peuplé au monde, elle compte plus d'habitants que l'Europe et l'Amérique du Nord réunies, et plus du tiers de ceux de l'Asie. Sa civilisation est l'une des seules à avoir su traverser les siècles depuis la plus haute Antiquité. Ancien mentor du tiers-monde, elle est un pays en voie de développement qui a maîtrisé mieux que beaucoup d'autres sa croissance démographique, et qui suit une voie économique toujours plus libérale sous l'impulsion du même régime communiste qui avait collectivisé l'économie trente ans plus tôt et lancé la Révolution culturelle. Enfin, sa puissance économique lui donne aujourd'hui accès au statut de leader dans le monde asiatique, que le Japon a pendant longtemps monopolisé.

Pour différencier la Chine de Pékin des autres mondes chinois que sont Hong Kong, Taiwan, Singapour ou les communautés des Chinois d'outre-mer à l'étranger, il nous faut aussi définir la « Chine continentale ». Le terme en lui-même est riche de sens. La Chine n'est pas seulement un pays, une nation, un État : elle est un continent, une masse terrestre cohérente, continue, comme ramassée sur elle-même. Son territoire a une valeur cosmique : il est un milieu du monde terrestre accordant peu d'importance à la mer et aux barbares. En chinois, la Chine se dit « pays du milieu » (*zhongguo*). Sa culture se donne comme la civilisation par excellence. L'espace physique légitime la conception qu'ont les Chinois de leur civilisation : un centre à partir duquel se dessinent des cercles concentriques. Dès lors, l'étranger est toujours loin pour ce peuple terrestre et les Chinois le définissent en fonction de la reconnaissance qu'il a lui-même du « milieu » – sous forme de soumission, d'allégeance…

Surtout, nous devons constamment avoir à l'esprit l'immensité chinoise. Les faits chinois se donnent à une très petite échelle. Le moindre indicateur statistique porte sur des masses humaines et des phénomènes économiques ou sociaux sans commune mesure avec aucun autre pays dans le monde. Les données moyennes recouvrent, ici, des situations très différentes, très éloignées les unes des autres, et s'ignorant souvent. La distance entre Pékin et Canton équivaut à celle qui sépare Oslo de Marseille, la distance entre Shanghai et Urumqi à celle entre Paris et Kazan.

Les principes d'allégeance à l'État central et d'identification au territoire ne peuvent qu'en être profondément affectés. Si les Chinois n'ont jamais durablement remis en cause l'unité de leur pays, ils lui trouvent en fait une justification moins dans la nature que dans l'histoire et la culture chinoises. Ici, la société a produit l'espace sur plusieurs milliers d'années et elle s'est construite contre l'immensité, faisant du fait chinois une civilisation avant d'être une nation. En contrepartie, l'attachement territorial trouve toute sa force au niveau de la province, du district, voire de la ville ou du village dont les hommes sont originaires.

Ce morcellement humain du territoire chinois connaît d'ailleurs, depuis le lancement des réformes à la fin des années 1970, une nouvelle vigueur. Les inégalités face au développement réaniment des disparités régionales que le régime communiste s'était efforcé de gommer après sa prise de pouvoir. Plusieurs Chine se profilent et se déclinent suivant une foule d'indicateurs, non pas seulement physiques, mais aussi humains et économiques.

Le développement contemporain aggrave des distorsions sociales que la population chinoise vit à tous les niveaux, aussi bien celui du pays que ceux des provinces, des espaces littoraux, des villes ou des campagnes. La réussite de certains côtoie l'appétit des cadres, les frustrations des ouvriers d'État, le chômage des travailleurs urbains et le fatalisme de beaucoup. Une multitude d'acteurs sont apparus avec les réformes et la politique de décentralisation. Les autorités centrales doivent compter avec les revendications des gouvernements locaux, les entreprises publiques avec la multiplication des entreprises privées et des *joint-ventures*, la classe ouvrière avec un développement du secteur tertiaire et de la société de consommation.

La Chine est, aujourd'hui, un lieu de contrastes violents. Le pari qu'ont fait les dirigeants chinois d'une économie habillée idéologiquement d'un « socialisme de marché aux caractéristiques chinoises » entraîne aussi des contradictions sociales, économiques, environnementales, qui sont à la dimension de ce pays-continent.

Ce livre procède de choix. Il met l'accent sur des points de la réalité chinoise qui nous sont apparus essentiels et propres à faire comprendre les raisons du développement chinois contemporain, d'en repérer les structures sociales et spatiales, d'en identifier les permanences historiques et culturelles, et de le resituer enfin dans les mouvances du monde chinois par-delà les frontières. Pour cela, il nous est apparu le plus souvent nécessaire de laisser la parole aux événements, aux faits singuliers, afin d'en apprécier la puissance d'évocation et notamment la complexité et les contradictions – révélatrices d'une société en profonde mutation.

La première partie porte sur les fondements historiques et culturels du territoire continental, de la constitution de l'État et de l'organisation sociale au sein du monde chinois.

La deuxième partie traite des transformations profondes qu'a connues la Chine depuis 1949, des réformes en cours et de l'« ouverture » actuelle voulue par les Chinois dans le contexte de la mondialisation.

La troisième partie concerne enfin les mutations démographiques, productives et spatiales contemporaines qui sont autant de défis pour la Chine du début du XXIe siècle.

Je tiens à remercier, de leurs lectures patientes et attentives, Marianne Bastid-Bruguière, Jean-Louis Chaléard, Paul Claval, Joëlle Deluz, Françoise Ged et Georgette Zrinscak.
Toute ma reconnaissance va également à Florence Bonnaud pour les cartes.

Première partie

LES FONDEMENTS

1
L'Empire

Une histoire et une culture remontant au IIIe millénaire avant J.-C. fondent l'identité chinoise. Le pays a trouvé son unité politique grâce à l'instauration de l'Empire en 221 avant J.-C., et la Chine a hérité du système impérial une longue tradition d'administration et d'interventionnisme étatiques, légitimée par un discours cosmologique et philosophique syncrétique.

À partir de la vallée inférieure du fleuve Jaune, l'Empire chinois a mené une active politique expansionniste, faite d'avancées et de retraits territoriaux depuis les premières dynasties des Qin et des Han. Mais c'est au XVIIIe siècle que le pays fixe l'essentiel de ses frontières actuelles.

Au cours des vingt-deux siècles du régime impérial, de 221 avant J.-C. à 1911, et durant l'époque moderne, de 1842 à 1949, et contemporaine [1], la Chine a connu de nombreux soubresauts politiques et dynastiques, des scissions temporaires et des invasions, des expansions et des replis territoriaux, une nécessaire évolution des structures économiques, de la société et des philosophies. Il va de soi que les Chinois de l'époque Qin ne vivaient pas comme ceux des dynasties Song ou Ming : douze cents ans les séparent des premiers, dix-sept siècles des seconds. Le contact avec la modernité occidentale issue de la révolution industrielle et l'installation du régime communiste de la République populaire ont ajouté en cela une accélération de l'histoire et provoqué des bouleversements radicaux.

Néanmoins, la permanence de sa civilisation, l'unicité et la longueur de son histoire, la continuité du régime impérial sont parmi les traits marquants de ce pays, et l'emportent certainement sur les autres caractères d'exception évoqués couramment : le nombre de la population et l'immensité du territoire. Le territoire a été peuplé, aménagé et administré dans le cadre d'une même civilisation depuis près de quatre mille ans, et les paysages comme les hommes en sont si profondément empreints qu'il serait aujourd'hui bien difficile d'identifier ce qui revient à la stricte nature. Par là, la Chine et son territoire se donnent fondamentalement comme le produit de l'histoire d'un peuple, animé par un destin et des modes de vie ou de pensée communs. C'est sur la base d'arguments historiques que les autorités justifient aujourd'hui les frontières chinoises. La Chine est une civilisation antique qui a su, au contraire de l'Égypte pharaonique, maintenir son identité culturelle et son unité politique jusqu'à notre siècle.

Des permanences apparaissent bien, faisant de la culture chinoise un fil conducteur ininterrompu. Au total, les mutations modernes du territoire l'ont plus aménagé que bouleversé. Même la littoralisation contemporaine du

---

1. Pour un aperçu des grandes périodes de l'histoire chinoise, voir p. 15.

territoire trouve ses racines dans l'histoire ancienne de la Chine. Le pouvoir central poursuit une politique traditionnelle de contrôle intérieur des populations et d'expansion sur ses périphéries. Le dialogue des penseurs chinois se poursuit par-delà les siècles. Les néo-confucéens du XIIe siècle, les réformateurs du XVIIe siècle et les intellectuels de la Chine actuelle s'inscrivent dans la continuité d'un mouvement philosophique né au Ve siècle avant J.-C.

Enfin, si l'histoire culturelle et politique de la Chine est un facteur de permanence plus encore que le strict espace physique, elle a aussi permis que les populations chinoises, même émigrées depuis plusieurs générations, gardent hors de Chine leur pleine identité culturelle. Fondée sur une tradition de l'écrit qui individualise fortement le peuple qui la véhicule, la culture chinoise est, comme l'urne contenant les cendres des ancêtres, transportable.

L'UNITÉ IMPÉRIALE

❑ ***La fondation de l'Empire.*** Entre les XVIIe et IIIe siècles avant J.-C., les premières dynasties historiques Shang et Zhou précèdent l'Empire, mais elles ont vu se mettre en place certains des fondements de la Chine impériale. Des Shang date la maîtrise des techniques du bronze. Les villes fortifiées, le char à timon attelé de deux chevaux, l'art militaire et l'écriture sur os et écailles apparaissent dès cette époque. Plus tard, sous les Zhou, le travail du fer se répand, et la Chine des Printemps et des Automnes couvre la plaine du fleuve Jaune jusqu'aux provinces actuelles du Shaanxi et du Hubei. Une politique de défrichements intensifs, de drainage et d'irrigation permet la mise en valeur de nombreuses terres. Le commerce et l'artisanat se développent. Une société féodale se substitue à la royauté palatiale de la dynastie précédente et elle s'organise en principautés. De nouveaux États émergent alors, qui s'opposent politiquement et militairement.

Quand Qin Shihuang fonde l'Empire en 221 avant J.-C., il hérite d'une société chinoise déjà évoluée. Mais, sous son autorité, l'unification politique du monde chinois s'accompagne de réformes radicales. Le premier empereur pose les bases d'un État dont le système administratif est fortement centralisé, et provoque une véritable révolution culturelle : unification de la monnaie, uniformisation des mesures de capacité et de longueur, mise en place d'une nouvelle graphie chinoise. Afin de réduire les oppositions et détruire les éléments de la culture passée, Qin Shihuang fait alors tuer les lettrés confucéens et brûler les livres classiques.

L'apport de la dynastie des Qin se traduit aussi par de grands travaux, qu'ont repris et amplifiés les dynasties suivantes, jusqu'aux Ming : la construction de la Grande Muraille, celle de routes et de canaux faisant de la plaine du fleuve Jaune un carrefour national – avec alors pour capitale Xianyang, près de l'actuelle Xi'an.

❑ ***L'Empire, image de l'unité.*** Surtout, à partir de cette date, l'Empire est associé à une idée : l'unité de la Chine; et cette idée habite toute l'histoire chinoise. Les dynasties se succèdent, mais l'éclatement du pays se produit à de rares occasions : lors de la partition en trois royaumes suivie des conquêtes barbares des IIIe-VIe siècles; puis dans la première moitié du Xe siècle; enfin avec la période troublée qui suit la proclamation de la République chinoise en 1912. Même quand les nouveaux souverains sont d'origine « barbare » – qu'il s'agisse des Mongols (dynastie des Yuan) ou des Mandchous (dynastie des Qing) –, ils réinstaurent à leur profit l'unité de l'Empire. Tout au plus, la Chine a pu connaître simultanément deux pouvoirs impériaux rivaux avant 1279 (date de la victoire des Mongols sur les Song du Sud)… et après 1949 avec l'exil du gouvernement nationaliste à Taiwan.

❑ ***La tradition administrative.*** Le régime impérial a également mis en place des pratiques politiques et administratives qui se sont prolongées jusqu'au début de notre siècle. Une culture de l'État s'est développée avec la formation d'un corps de fonctionnaires en principe dégagés des intérêts locaux de leur circonscription. Leur recrutement par examens est mis en place dès les Han occidentaux, il se développe à partir de 692, atteint son apogée sous les Song et ne sera finalement abandonné qu'en 1905. Surtout, l'État chinois garde une tradition d'interventionnisme dans les activités économiques, sociales et intellectuelles du pays, que seules limitent ses capacités matérielles d'encadrement. En cela, les villes n'ont pas bénéficié, comme en Europe, d'autonomie politique face au pouvoir central. Bien au contraire, elles ont eu continûment pour rôle d'en abriter la représentation locale. La Chine n'a pas connu, pour ces raisons, la formation d'une classe bourgeoise à même de revendiquer pour elle un destin politique et, après l'intermède de la République, la greffe du système communiste sur les structures héritées de l'Empire chinois n'a eu qu'à prolonger des habitudes d'administration étatique ancrées dans les mentalités depuis près de deux mille ans.

Aujourd'hui, l'une des principales légitimités du régime chinois tient – non sans parfois un dérapage nationaliste – dans le maintien de l'unité du pays, qui a été durement éprouvé par le chaos politique des débuts de ce siècle, et dans la continuité de l'État.

L'ÉTAT ET SES DISCOURS

L'État chinois a également très tôt utilisé une idéologie à la fois cosmologique, éthique et politique, pour légitimer le régime impérial et en fonder les structures administratives. Pour ce faire, les dynasties Qin et Han ont hérité leur légitimation cosmologique du pouvoir politique des Zhou occidentaux, et elles ont également bénéficié de l'effervescence intellectuelle qui a prévalu durant la période des Royaumes combattants, et qui a mené aux principales écoles de pensée de la Chine traditionnelle.

❑ ***Le pouvoir politique et l'ordonnancement cosmique.*** Plus encore que centre du monde, la Chine s'est perçue jusqu'au XIXe siècle comme le monde lui-même, et tout autant l'unité du pays que la notion d'Empire y étaient intimement liées. L'Empire était en effet beaucoup plus qu'un simple régime politique. Il exprimait un ordonnancement du monde, imbriquant l'ordre cosmique et l'organisation sociale dans un idéal commun d'harmonie. À défaut d'une religion qui distingue pouvoir spirituel et pouvoir temporel, les Chinois trouvaient ainsi dans le pouvoir politique suprême lui-même les moyens d'expliquer et de s'approprier l'univers. Le lien entre le Ciel, la Terre et l'homme résidait dans le principe du mandat céleste.

Or ce principe est mis en place par les Zhou au XIe siècle avant J.-C., lorsqu'ils succèdent aux Shang. Il leur permet de légitimer la déchéance de leurs prédécesseurs et leur propre avènement. Il correspond aussi à une conception cyclique de l'histoire suivant laquelle les dynasties reçoivent un mandat du Ciel, connaissent une ascension, une apogée, puis un déclin inéluctables. Les superstitions populaires, confortées par les scribes des débuts de chaque dynastie narrant l'histoire de la précédente, ont gardé la conviction que les calamités naturelles, les guerres civiles ou les faillites économiques sont autant d'indicateurs des fautes accumulées par les détenteurs du pouvoir et en conséquence d'une défaveur du Ciel envers ces dirigeants, et qu'elles annoncent la fin de leur règne, hier celui de l'empereur et de sa descendance, aujourd'hui celui de l'homme fort de la Chine communiste et du régime qu'il représente.

Cette interprétation cosmologique du pouvoir a surtout placé l'empereur, à partir du règne de Qin Shihuang, au centre du dispositif politique. Plus qu'un souverain, il était un intercesseur. Tenant son pouvoir d'un mandat céleste, il jouait le rôle d'intermédiaire entre le Ciel et les hommes. Son intercession devait assurer la paix de l'univers, l'abondance des récoltes, la prospérité sociale et l'ordre politique. Il supportait à lui seul le poids du sacré, prolongé à une échelle familiale par le culte des ancêtres. La Chine a, par là même, fait l'économie d'un clergé et centré son discours non sur des questions religieuses – à l'exception du bouddhisme –, mais sur des problèmes d'ordre cosmologique ou moral.

❑ ***L'empereur, centre et unité du monde.*** L'espace chinois traduit en retour de telles conceptions. Si l'empereur a pour vocation d'exprimer l'unité et le centre de l'univers, le lieu où il réside est lui-même un centre à partir duquel il est possible de décliner des territoires emboîtés. La ville chinoise est carrée à l'image de la Terre, alors que le Ciel est rond. La capitale s'ordonne en fonction de la Cité interdite, elle-même structurée en secteurs inégalement accessibles, et à l'échelle du pays la ville administrative s'articule en fonction de la résidence du magistrat. Le territoire chinois devient dès lors une périphérie du centre politique, et de même le monde extérieur est perçu par rapport à la Chine donnée comme centre : à proximité, les ethnies minoritaires intégrées à l'espace chinois, au loin les peuples tributaires qui reconnaissent la souveraineté de l'empereur.

L'espace politique chinois est aussi un monde de l'opacité. Le souverain donne unité au pays dans la seule mesure où il est un intermédiaire cosmique. Il ne se donne donc pas à voir : il n'a pas à se présenter devant le peuple ou ses représentants. Le pouvoir politique d'État est d'autant plus fort et respecté qu'il est protégé du regard par des murs, des portes monumentales, des écrans de toutes sortes comme hier les rideaux des palanquins et aujourd'hui les vitres fumées des véhicules officiels. Emmuré – par là même souvent désinformé –, le pouvoir politique tire traditionnellement sa force d'une suggestion visuelle.

Cette mise en place – et mise en scène – du pouvoir politique aux débuts de l'Empire s'est également nourrie des débats intellectuels qui ont lieu à partir du Ve siècle avant J.-C., et aboutit à une synthèse philosophique et politique sous les Han occidentaux.

❑ ***Les principales écoles de pensée chinoises*** prennent en effet forme dans les derniers siècles de la dynastie Zhou. La tradition veut que Confucius ait vécu entre 551 et 479 avant J.-C. Celui-ci est non seulement le premier penseur historique de la Chine, mais il se trouve surtout à l'origine des fondements de l'identité culturelle chinoise. Comme Socrate, ce sont des propos recueillis par ses disciples qui nous le donnent à connaître. Les *Entretiens* sont devenus les repères textuels que tout homme de bien se doit d'étudier et de discuter afin d'« apprendre à faire de soi un être humain ». Parallèlement, les rédactions du *Zhuangzi* et du *Laozi*, textes qui dateraient des IVe et IIIe siècles avant J.-C., ont mené à la formation de l'« école taoïste* », qui privilégie le non-agir pour suivre le *dao* – ou la Voie – au rebours de la vision éthique du confucianisme*.

Toutefois, les premiers temps de l'Empire voient surtout le triomphe d'une troisième école : celle des légistes*. Estimant que la nature humaine agit en fonction des récompenses et des châtiments qu'elle encourt, ceux-ci se font les avocats d'un pouvoir autoritaire s'appuyant sur la loi, et d'une centralisation absolue. C'est en ce sens qu'ils ont réformé l'État de Qin, le royaume du futur premier empereur de Chine. Ils ont ensuite si bien imprégné le système politique chinois jusqu'au début de la dynastie Han que leur disparition en tant que mouvement n'a pas empêché la fusion de leur absolutisme autoritaire avec un confucianisme devenu entre-temps idéologie d'État.

L'Empire fonde ainsi son idéologie sur la base d'une synthèse intégrant les rigueurs pénales des légistes, l'éthique confucéenne, mais aussi les légitimations cosmologiques de l'époque des Zhou et les conceptions taoïstes. Ni l'épisode bouddhiste entre les Ier et IXe siècles, ni même les dynasties mongole et mandchoue n'ont eu de véritables conséquences sur le système politique chinois. Une orthodoxie s'installe en fait, qui a donné jour aux célèbres examens impériaux et à la formation d'une classe bureaucratique de fonctionnaires lettrés.

Cette orthodoxie s'est enfin appuyée sur un corpus de textes fondateurs, même si leur nombre a pu varier dans le temps suivant les mouvements philosophiques et exégétiques. La tradition retient généralement les Cinq Classiques* (les *Documents*, les *Odes*, les *Rites*, les *Mutations* et les *Annales des Printemps et des Automnes*) et les Quatre Livres constitués au XIIe siècle (la *Grande Étude*, l'*Invariable Milieu*, les *Entretiens* et le *Mencius*). Ces livres ont constitué le socle culturel commun à toute l'élite chinoise cultivée, aussi bien aux fonctionnaires qu'aux lettrés locaux, jusqu'à la fin de l'Empire, et ils restent aujourd'hui les points de repères de l'identité chinoise.

L'EXPANSION TERRITORIALE

La vallée inférieure du fleuve Jaune est le berceau de la civilisation chinoise. Elle a abrité les capitales de Xianyang, Chang'an – aujourd'hui Xi'an –, Luoyang et Pékin. Pour autant, les Chinois ne se sont pas contentés de ces terres. La civilisation chinoise est expansionniste. Une logique de conquêtes occupe l'Empire dès ses débuts. L'histoire impériale est faite d'avancées et de retraits territoriaux au gré des rapports de force entre les pouvoirs chinois et leurs voisins immédiats.

Sous les Qin et les Han occidentaux, le monde chinois s'étend à la Corée, aux provinces de Chine méridionale et au nord du Viêt-nam. Les Chinois ont occupé le Viêt-nam pendant mille ans. L'expansion reprend avec les dynasties Sui et Tang, jusqu'en Iran et en Inde. La Chine du Nord est, alors, à la croisée des cultures d'Asie : chinoise, tibétaine et turco-mongole. Sous les Tang notamment, le bouddhisme y fait de grands progrès – jusqu'à la répression de 843-845. Plusieurs empires mongols se créent au XIIIe siècle. Ils couvrent le Proche-Orient, la Russie, et l'Asie centrale et orientale. Les Yuan poussent leurs offensives militaires en Birmanie, au Cambodge, à l'île de Java et au Japon. Cette époque voit la fin de la route terrestre de la soie et l'installation des communautés musulmanes de l'Ouest chinois. La Chine du début des Ming englobe la Mongolie et la Mandchourie.

Au XVIIIe siècle, le Népal, la Birmanie, le Siam, le Viêt-nam et la Corée sont des pays tributaires de l'Empire. Les frontières actuelles du territoire chinois datent de cette époque. Seules certaines marges septentrionales ont depuis été retranchées : occupation des terres au nord du fleuve Amour et à l'est de l'Oussouri par la Russie en 1858-1860, proclamation de la Mongolie indépendante en 1912. Par contre, les Chinois contrôlent le Xinjiang et la Dzoungarie depuis 1757-1759. Le Tibet est soumis en 1724, et il n'a connu qu'une éphémère indépendance entre 1912 et 1950.

L'explosion démographique que connaît la Chine entre 1750 et 1850, et des préoccupations géopolitiques, encouragent ensuite la colonisation de ces régions par les Han. La Mandchourie leur est ouverte en 1878, en réponse à la menace russe qui croît alors.

La formation du territoire chinois

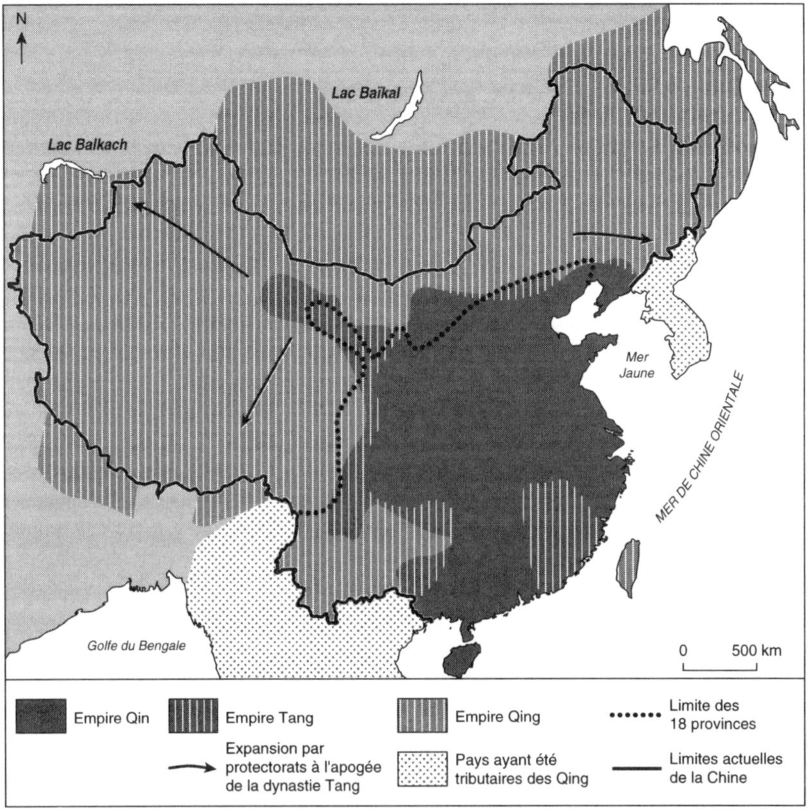

D'après Jean-Pierre Larivière et Jean-Pierre Marchand, *Géographie de la Chine*, Paris, A. Colin, 1999, p. 33.

DOCUMENTS

■ L'unification de la Chine

La conquête de tous les pays chinois une fois achevée, Qin [Shihuang] entreprend l'œuvre gigantesque de l'unification politique et administrative de ce vaste domaine, et les mesures destinées à créer l'Empire sont encore plus radicales et plus dures que celles qui avaient été adoptées [dans l'État de] Qin au milieu du IVe siècle.

Tout le territoire des anciens royaumes est couvert par des circonscriptions administratives et militaires, au nombre de 36. Les fiefs sont définitivement supprimés, car « toutes les guerres et tout le malheur du monde viennent de ce qu'il y a des marquis et des princes », et les dynasties postérieures devaient constater de nouveau, à leurs dépens, la vérité de cet adage. Les unités de mesure en usage [dans l'État de] Qin depuis les réformes du IVe siècle sont imposées à tout le territoire de l'Empire. La Chine ne connaît plus qu'une monnaie, la sapèque de cuivre, un seul type d'écriture, un seul code de lois pénales et administratives, un même écartement d'essieu pour les charrettes. Dès 220 [avant J.-C.], pour assurer le contrôle des régions les plus lointaines, Qin [Shihuang] entreprend la construction d'un réseau de grandes routes à trois voies, larges de 7,5 m et bordées d'arbres. En même temps, afin que l'administration impériale ne rencontre aucun obstacle et pour qu'aucune rébellion n'y puisse trouver un appui, toutes les fortifications qui subsistaient de l'époque antérieure sont jetées à bas : murailles des villes, ouvrages de défense dans les passes montagneuses, remparts construits par certains royaumes sur leurs frontières pour se défendre contre les attaques de leurs voisins. [...]

Ce n'est pas seulement un ordre politique, renforcé par un contrôle policier, que Qin [Shihuang] entend imposer au monde chinois : c'est un conformisme moral. Le puritanisme le plus rigide doit régner partout et la conduite des femmes est soumise à des lois particulièrement sévères. [...]

Les arts et les lettres sont pour Qin [Shihuang] un objet d'exécration. Les livres classiques qui servaient à l'enseignement des écoles, tous ceux qui représentaient « un savoir privé » et qui « discréditaient le présent au profit du passé », sont détruits et seuls sont conservés ceux qui traitaient de médecine, de pharmacie, de divination par la tortue et les bâtonnets d'achillée, d'agriculture et d'arboriculture. C'est le fameux incendie des Livres de 213 [...]. Les lettrés confucéens sont pourchassés et, dans la mesure du possible, exterminés. On interdit toutes critiques, toutes discussions. L'uniformité de pensée doit régner en tous lieux. [...]

L'artisanat et le commerce libres ne peuvent avoir de place dans ce monde nouveau. Les grands marchands-entrepreneurs qui, avant l'unification des pays chinois, voyaient une entrave à leurs activités dans le maintien des structures féodales, qui tirèrent profit de la centralisation politique et en furent parfois les inspirateurs, furent aussi les premières victimes du pouvoir impérial. La priorité donnée à la production agricole s'accompagne d'une répression de toutes les activités marchandes et d'une concentration des plus gros revenus commerciaux entre les mains de l'État.

Jacques Gernet, *La Chine ancienne*, Paris, PUF [1964], rééd. 1995, pp. 118-119.

■ Les principales périodes de l'histoire chinoise

Périodes	Dates
Shang	XVIIe siècle-1025 av. J.-C.
Zhou	1025-221 av. J.-C.
Zhou occidentaux	1025-771 av. J.-C.
Zhou orientaux	770-256 av. J.-C.
Printemps et Automnes	722-481 av. J.-C.
Royaumes combattants	453-221 av. J.-C.
Qin	221-206 av. J.-C.
Han	206 av. J.-C.-220 apr. J.-C.
Han occidentaux	206 av. J.-C.-23 apr. J.-C.
Han orientaux	25-220
Trois Royaumes	220-265
Jin	265-420
Dynasties du Sud et du Nord	420-589
Sui	581-618
Tang	618-907
Les Cinq Dynasties	907-960
Song	960-1279
Song du Nord	960-1127
Song du Sud	1127-1279
Yuan (Mongols)	1271-1368
Ming	1368-1644
Qing (Mandchous)	1644-1911
Traité de Nankin	1842
Réforme des Cent Jours	1898
République chinoise	Depuis 1912
Mouvement du 4 mai	1919
Refuge à Taiwan	Depuis 1949
République populaire de Chine	Depuis 1949
Mouvement des Cent Fleurs	1956-1957
Grand Bond en avant	1958-1961
Révolution culturelle	1966-1976
Réformes économiques	Depuis 1978
Événements de Tian'anmen	1989

2
Le territoire

La conquête des terres méridionales et la formation de la « Chine des dix-huit provinces » permettent la mise en valeur de terres agricoles très fertiles. Un monde paysan de fortes densités, pratiquant des cultures à hauts rendements, se met en place. Une complémentarité interrégionale apparaît et la Chine impériale trouve son apogée économique sous la dynastie des Song.

Fondées sur une opposition spatiale, économique et humaine entre l'intérieur chinois et le littoral, ouvertures et fermetures du pays se succèdent jusqu'à l'ouverture forcée du XIXe siècle par les Occidentaux. À cette date, une structuration de l'espace chinois donne la primauté urbaine et économique au littoral, que les tentatives du régime communiste pour rééquilibrer le territoire national n'ont pas pu véritablement entamer. Avec les réformes, le littoral devient à nouveau le lieu d'ouverture de la Chine, et ses métropoles des pôles de croissance privilégiés.

La topographie joue un rôle décisif dans l'organisation de l'espace chinois. Trois paliers se succèdent d'ouest en est. Les plaines et les fonds de vallées concentrent les hommes et les activités dans les terres de vieille civilisation chinoise. Le territoire administratif est constitué de vingt-deux provinces, quatre municipalités de rang provincial et cinq régions autonomes.

Les minorités nationales chinoises entretiennent avec les Han des liens de natures très diverses, allant d'une quasi-assimilation culturelle née d'une longue histoire commune à des oppositions ethniques fortes dans les régions autonomes les plus occidentales.

LA CHINE DES DIX-HUIT PROVINCES

La colonisation la plus décisive est certainement celle des régions méridionales de la Chine elle-même. L'ancienneté de cette colonisation et l'importance du peuplement han qui l'a accompagnée sont à l'origine d'une assimilation culturelle en profondeur de ces terres périphériques. Devant les incursions barbares, un million de Chinois colonisent le Sud au IVe siècle. Le principal foyer méridional est le Jiangnan, que constitue la région de la basse vallée du Yangtsé, avec Nankin pour capitale. Plus au sud, les provinces du Zhejiang, du Fujian et du Guangdong sont également colonisées et elles permettent une ouverture sur l'étranger par la route maritime de la soie. À l'extrême sud, les terres sont faiblement peuplées par des populations aborigènes (tibéto-birmanes, thaï, miao, yao...). Ces nouvelles régions se sont révélées beaucoup plus fertiles que celles du Nord.

Entre le IVe et le IXe siècles, le territoire chinois s'étend à ce qui est devenu la « Chine des dix-huit provinces », et il trouve alors un nouveau mode de fonctionnement. Non seulement des réformes administratives, législatives et fiscales renforcent l'unité et l'autorité impériales, mais un même système politique et économique intègre dorénavant des régions aussi différentes que la plaine du fleuve Jaune, le Jiangnan, le bassin du Sichuan et le Guangdong. Des liens de complémentarité et d'interdépendance régionales se tissent. Le premier Grand Canal est créé sous les Sui, qui relie les provinces du Henan et du Shaanxi à la basse vallée du Yangtsé. De nombreux produits alimentaires peuvent gagner le Nord moins favorisé par la nature, mais où se trouve le cœur politique du pays. Une spécialisation économique par régions s'amorce. À partir du VIIe siècle, la vallée du Yangtsé devient le grenier à riz de la Chine, quand Canton développe parallèlement son commerce avec les marchands arabes.

Économiquement, l'Empire atteint son apogée à l'époque des Song. De grandes villes apparaissent. La Chine du Sud est à cette époque plus peuplée que celle du Nord, et ses ports comme Ningbo, Fuzhou, Quanzhou et Canton ouvrent officiellement les productions artisanales chinoises au commerce avec les étrangers. Plus généralement, l'essor du commerce, fondé sur un accroissement et une diversification des moyens de paiement, la diffusion des connaissances grâce à l'impression sur bois et l'amélioration des sciences comme des techniques maritimes s'accompagnent d'une révolution agricole, urbaine et industrielle.

UN MONDE DE PAYSANS

Les traits essentiels du monde paysan chinois se mettent en place et ne changent plus fondamentalement jusqu'aux bouleversements communistes. La diversité des paysages agraires chinois se décline alors de la plaine du Nord aux confins du Sud et du Sud-Ouest.

De grands progrès agricoles sont en effet réalisés aux XIe et XIIe siècles. Dans le Sud, la culture du riz en champs irrigués est perfectionnée. Les techniques de préparation du sol, de plantation et de désherbage se développent avec, dans le même temps, de nouvelles variétés et la généralisation des récoltes multiples. Des travaux à petite échelle permettent un meilleur contrôle des eaux, ainsi qu'un essor des transports par rivières et canaux.

❑ ***Des campagnes de fortes densités.*** Surtout, un monde rural plein s'organise en fonction de la terre et de la production agricole. Les densités humaines sont ici si fortes que le monde paysan chinois est toujours à la limite de la rupture, soumis aux caprices d'un climat qui fait se succéder irrégulièrement sécheresses et inondations, sujet en permanence aux disettes. La croissance démographique du XVIIIe siècle aggrave cette situation précaire. À la fin de l'Empire, les terres arables, à superficie égale, doivent nourrir une population trois fois supérieure à la population chinoise sous les Ming.

Dans ce monde de fortes densités, les foyers paysans constituent traditionnellement l'unité de base économique et sociale. Sur des parcelles de taille très réduite jamais laissées en jachère, ils développent une agriculture à forte intensité de travail, à hauts rendements, à récoltes multiples, fertilisées par des engrais naturels. Ils cherchent, par ce travail minutieux, à augmenter au mieux leurs revenus pour se nourrir et acheter des terres. La possession de terres représente en effet la richesse première dans une société rurale où le fermage et le métayage dominent.

❑ ***Les liens avec la ville*** sont, en revanche, distants. Même si l'État – ou un fonctionnaire attentionné – peut assurer, par des travaux hydrauliques ou des greniers à céréales, une amélioration des conditions de cultures et une garantie contre les disettes, la ville, lieu du pouvoir politique – et résidence des grands propriétaires fonciers –, reste extérieure au monde rural.

Dans les campagnes les mieux intégrées, comme celles du Jiangnan ou du monde cantonais, ce sont les réseaux de négociants et de prêteurs qui pénètrent le mieux le monde paysan. Au XVIe siècle, l'élevage du ver à soie et la généralisation d'un système productif original composé d'étangs à poissons et de digues à mûriers dans les districts centraux du delta de la rivière des Perles relient ainsi, grâce aux réseaux commerciaux, les villages aux bourgs, les bourgs aux maisons de commerce et au port de Canton, dans une logique d'exportation des cultures commerciales (litchis, longanes, soie) et des produits artisanaux – qu'ils vendent à l'époque aux Espagnols contre l'argent américain apporté *via* les Philippines.

Cependant, encore dans les années 1930, la plupart des campagnes chinoises restent largement autonomes par rapport à la ville, et abandonnées à leur destin. Seul un réseau de marchés réguliers et de bourgs-marchés structure l'espace rural chinois ; les infrastructures rurales sont rares.

❑ ***Le village*** est en fait l'horizon principal. Ses dirigeants sont chargés de sa défense, de la collecte des impôts et du règlement des querelles entre les familles. Le village est surtout le lieu de référence identitaire, où sont enterrés les ancêtres, où l'on parle un dialecte qui peut varier fortement de celui des localités avoisinantes. Malgré les très fortes inégalités foncières qui parcourent le monde rural traditionnel, et que maintient sur le long terme un système d'héritage prônant un partage égal des terres entre les héritiers mâles, le village est aussi le lieu privilégié de solidarité et d'entraides : les travaux agricoles ou para-agricoles (transports, construction de bâtiments collectifs) sont assumés en commun ; les familles gagent, entre elles, la terre pour obtenir un prêt.

L'OPPOSITION INTÉRIEUR/LITTORAL

❑ ***Une opposition héritée.*** La période de foisonnement et d'épanouissement à laquelle correspond la dynastie des Song préfigure aussi la structure actuelle de l'espace chinois. La complémentarité des régions chinoises laisse émerger de nouveaux pouvoirs locaux – et centrifuges. Le développement du commerce côtier, et la vulnérabilité de l'Empire devant les distances à parcourir et les moyens de ce parcours, favorisent une autonomisation des provinces périphériques. Dès cette époque s'opposent la Chine politique du Nord, prolongée par celle moins développée de l'intérieur, et la Chine économique des marges littorales. Une respiration historique se met en place : un balancement continuel oscille dorénavant entre une ouverture concédée aux littoraux, notamment ceux des terres lointaines du Sud – de Shanghai à Canton –, et un recentrage sur le cœur de la Chine accompagné d'une fermeture hermétique aux influences étrangères.

L'opposition entre l'intérieur des terres chinoises et le littoral joue déjà quand, en 1415, le cabotage est aboli au profit d'un transport des marchandises sur le Grand Canal. Les expéditions maritimes des Ming se terminent avec le retour de l'eunuque et navigateur Zheng He en 1433. Progressivement, l'Empire se perçoit comme un monde terrestre, et abandonne la façade maritime aux pirates et contrebandiers en tout genre. En 1662, les Qing imposent l'évacuation des régions côtières du Shandong au Guangdong. Ils privilégient, dans la période, leurs conquêtes terrestres des marges occidentales. Entre 1757 et le traité de Nankin en 1842, le littoral reste interdit aux étrangers. Seule Canton peut faire fonction de pont entre le Cohong – association officielle des marchands chinois – et les commerçants européens. Ce dernier schéma s'est répété avec la Foire de commerce international située à Canton entre 1957 et la fin des années 1970.

L'époque moderne part des deux guerres de l'Opium (1839-1842 et 1858-1860) et se termine en 1949. Elle marque une étape décisive dans ce processus de structuration du territoire. Un doublement des grandes villes de l'intérieur côtier par des métropoles à vocation internationale le long du littoral lui-même traduit significativement la primauté économique de la façade maritime : Tianjin est le port de Pékin, Shanghai surclasse Nankin, Hong Kong – la seule des trois villes à être vraiment située sur la mer – naît en périphérie sud-est de la région cantonaise. Au fil des XIXe et XXe siècles, ces pôles urbains, industriels et portuaires deviennent les fenêtres déterminantes de l'ouverture de la Chine au monde extérieur. Si la pression de la « politique des canonnières » les y a amenés, nous avons vu que le passé impérial de la Chine en avait déjà dressé une esquisse. De nos jours encore, ils sont le lieu privilégié d'importation et de diffusion des modèles étrangers – qu'il s'agisse d'implantation économique des grandes firmes hongkongaises, américaines, japonaises et européennes, ou d'influences technique, intellectuelle et culturelle.

Aujourd'hui, cette configuration spatiale est si prégnante dans les mentalités que l'opposition intérieur/littoral est devenue une allégorie mythique illustrant la capacité de la civilisation chinoise à s'adapter à la modernité.

Lors de ses trois diffusions en 1988 sur la chaîne nationale, puis sur celle de Shanghai, la série télévisée *Élégie d'un fleuve* de Su Xiaokang et Wang Luxiang a connu un vif écho auprès du public des grandes villes côtières. Elle a suscité des débats passionnés chez les intellectuels chinois, et les réprobations

Les lieux d'ouverture de la Chine au XIXe siècle

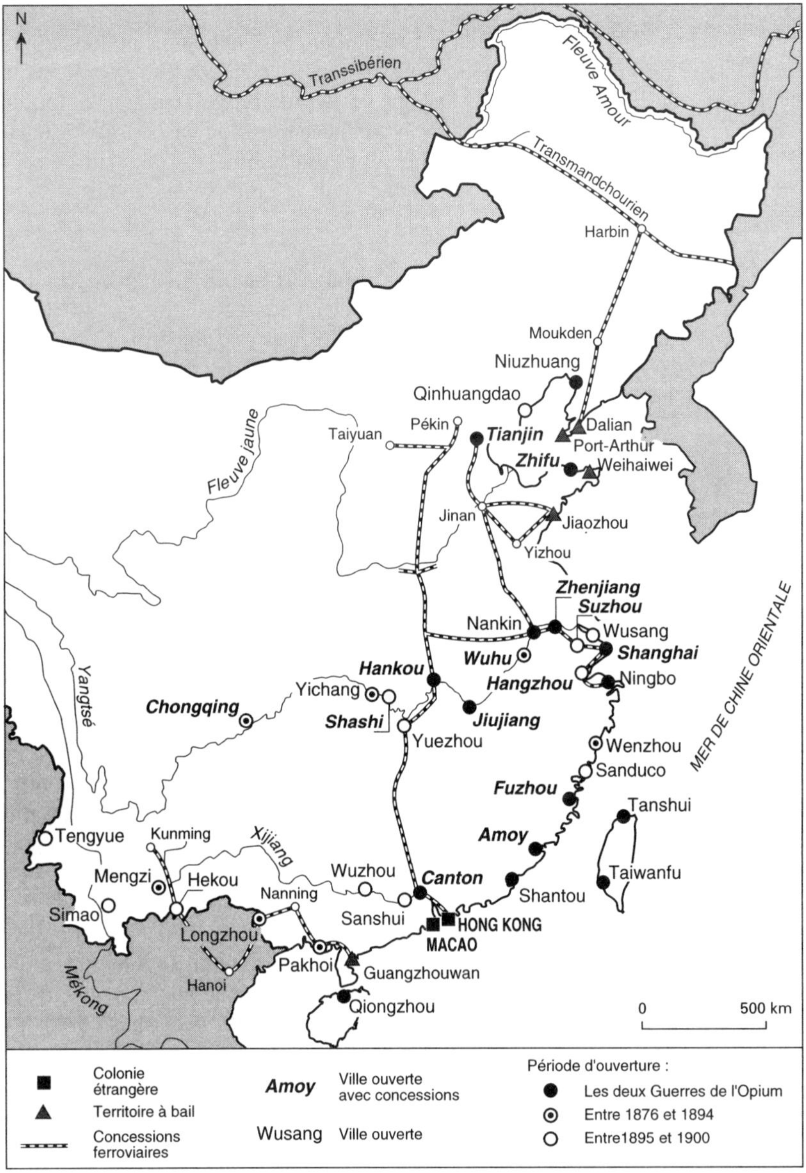

D'après Marianne Bastid et Jean Chesneaux, *La Chine,* t. I , Paris, Hatier Université, 1969, p. 59; et Marianne Bastid *et al., La Chine,* t. II, Paris, Hatier Université, 1972, p. 88.

les plus vives de la part des dirigeants conservateurs. Su Xiaokang fut arrêté lors de la répression qui suivit les événements de Tian'anmen et il quitta ensuite le pays pour les États-Unis.

Dans cette série, les auteurs identifiaient alors le fleuve Jaune au long cours de l'histoire de la Chine. Ses débordements répétés figurent les retournements cycliques de l'histoire chinoise. Surtout, le fleuve draine avec lui les lourds sédiments jaunâtres issus de la tradition confucéenne et du despotisme oriental d'un monde agricole fermé sur lui-même, et ces sédiments entravent sa progression vers l'océan bleu, symbole d'une civilisation moderne, industrielle et internationale.

❏ ***Avec le traité de Nankin***, cinq ports chinois (Canton, Shanghai, Ningbo, Amoy – l'actuelle Xiamen – et Fuzhou) sont ouverts au commerce et l'île de Hong Kong cédée aux Britanniques en 1842. Onze ports supplémentaires s'ouvrent en 1858-1860. Un Empire finissant, immobilisé par des défis démographiques, techniques et financiers qu'une bureaucratie sclérosée ne sait pas résoudre – malgré de très ponctuelles tentatives de réformes –, se laisse progressivement dépecer par les puissances impérialistes. Renforcée par le morcellement de l'autorité politique sous la République, cette évolution accentue alors le développement inégal du pays au profit du littoral, et surtout l'autonomisation économique des régions côtières : un marché chinois d'échelle nationale ne réussit pas à émerger. Si Shanghai s'impose comme la principale ville et le plus important foyer industriel du pays, Tianjin, le Shandong (Qingdao) et la Mandchourie développent séparément une puissante industrie lourde. Le Fujian ou la région cantonaise constituent des pôles à part – surtout commerciaux.

❏ ***Les tentatives socialistes de recentrage sur l'intérieur.*** Après 1949, le nouveau régime suit l'exemple de son allié soviétique. Il s'efforce de réduire les inégalités spatiales héritées de l'histoire récente : les anciens ports ouverts, notamment Shanghai, réalisaient alors l'essentiel de la production industrielle du pays. Une politique d'industrialisation des capitales provinciales et de création de pôles d'industrie lourde dans les régions de l'intérieur est mise en place. Elle s'accompagne d'une idéologie maoïste anti-urbaine et d'une relative désaffection des métropoles côtières, dont les puissances étrangères avaient favorisé l'essor. Confortée par le radicalisme de la Révolution culturelle – et l'envoi des jeunes instruits dans les campagnes intérieures –, cette stratégie a été maintenue jusqu'à la fin des années 1970, mais sans porter les fruits escomptés. Une telle politique a limité le développement du pays par une promotion trop exclusive de l'industrie lourde, par un manque tragique d'infrastructures et par – ainsi – le relatif isolement de grands complexes industriels dispersés dans le pays. Surtout, si elle a permis un certain rééquilibrage de l'armature urbaine et industrielle au profit notamment de la Chine centrale et de la Mandchourie, le déséquilibre initial entre l'intérieur et le littoral n'a pas été résorbé pour autant.

❑ ***La réaffirmation actuelle du littoral.*** Les réformes lancées sous l'égide de Deng Xiaoping ont renversé les termes de la stratégie adoptée précédemment et elles ont remis la côte à l'honneur. En 1988, Zhao Ziyang formule clairement les priorités de l'aménagement du territoire par « une stratégie de développement des régions côtières ».

Dans ces années, la plupart des pôles choisis pour insérer la Chine dans l'économie mondiale correspondent significativement aux enclaves étrangères et aux ports ouverts du XIXe siècle. Ce sont les provinces de la périphérie méridionale – le Guangdong et le Fujian –, éloignées du cœur politique du pays mais soutenues à Pékin par des dirigeants qui leur étaient souvent liés personnellement, qui en ont les premières bénéficié : les quatre Zones économiques spéciales de Zhuhai, Shenzhen, Shantou – toutes les trois situées dans la province du Guangdong – et Xiamen – dans la province du Fujian – ont été créées en 1980. Toutes en situation littorale, les deux premières se situent dans la contiguïté spatiale de Macao et Hong Kong, quand Xiamen profite de la proximité de Taiwan. L'île de Hainan a été ajoutée au nombre des Zones économiques spéciales huit ans plus tard, devenant dans le même temps une province à part entière.

En 1984, quatorze villes côtières, dont pas moins de onze étaient des ports ouverts ou des colonies étrangères à la fin du XIXe siècle, sont ouvertes aux investissements étrangers, et constituent leurs propres zones de développement économique et technique : Qinhuangdao, Dalian, Tianjin, Yantai, Qingdao, Lianyungang, Nantong, Shanghai, Ningbo, Wenzhou, Fuzhou, Canton, Zhanjiang et Beihai.

À partir de 1985, des espaces régionaux intégrant villes et campagnes peuvent également accueillir des investissements étrangers et orienter leur développement économique en lien avec l'extérieur. Les Zones économiques ouvertes des trois deltas de la rivière des Perles, du Yangtsé et du Fujian méridional (Xiamen, Zhangzhou, Quanzhou) sont fondées. Celle du delta de la rivière des Perles est élargie en 1987, sa superficie passant de 23 000 à 46 000 km^2. Le Guangdong se voit confirmé dans son rôle de province-laboratoire des réformes l'année suivante.

En 1988, l'ouverture est généralisée à toutes les villes côtières. Le golfe de Bohai est déclaré zone ouverte, ainsi que les deux péninsules du Liaodong et du Shandong. Pour cette dernière, aux quatre municipalités ouvertes de Qingdao, Weifang, Yantai et Zibo, vient s'ajouter la capitale plus intérieure de la province, Jinan, en 1990.

Enfin, depuis le début des années 1990, le pouvoir central favorise le renouveau de Shanghai pour en faire une métropole asiatique de premier plan. Il a fortement encouragé l'aménagement de la Nouvelle Zone de Pudong – créée en 1990 à l'est de la ville ancienne et de sa rivière, le Huangpu.

En 1997, les provinces et municipalités côtières – la région autonome du Guangxi comprise – concentraient, sur 14 % de la superficie totale du pays, 41 % de la population chinoise, et ne réalisaient pas moins de 58 % du PIB national, utilisant 85 % des capitaux étrangers effectivement investis dans les régions chinoises. À l'échelle du pays, les villes et les régions les plus développées du littoral sont en outre devenues des lieux de forte attraction pour les migrants venant des périphéries sous-développées des provinces côtières et surtout des terres intérieures de la Chine centrale. Le déséquilibre régional au profit du littoral chinois n'a ainsi pas cessé de s'accuser depuis les années 1980.

LES MARGES MINORITAIRES

La Chine des Han correspond à la « Chine des dix-huit provinces » prolongée par le corridor du Gansu et par la gouttière mandchoue – très majoritairement sinisée par les vagues successives d'immigration han depuis la fin du XIXe siècle. En périphérie, sur près de 60 % de la superficie nationale, les immenses territoires occidentaux et septentrionaux de l'actuelle République populaire se singularisent par de hautes terres, des milieux arides, de faibles densités de population et la présence forte – mais rarement majoritaire – d'ethnies non han.

❑ ***Une longue histoire commune.*** Ces marges minoritaires ne sont pas seulement physiques; elles sont également humaines, culturelles et économiques. La Chine les a intégrées au cours de son histoire sous couvert d'alliances princières, de protection impériale ou d'intégration à un projet socialiste commun. Il n'y eut d'ailleurs pas toujours opposition entre les Han et ces peuples périphériques. La Chine des Tang surtout, celle des dynasties mongole des Yuan et mandchoue des Qing ensuite ont été des époques de métissage où la civilisation chinoise intégrait à elle des coutumes, des styles vestimentaires, des modes d'expression artistique différents. Aujourd'hui, un apparent respect des identités minoritaires marque les distances avec la culture hégémonique des Han et il réduit trop souvent, dans les médias ou les promotions touristiques, ces cultures non chinoises à de simples folklores. En matière administrative, Pékin met aussi en avant son souci, depuis les années 1980, de former des cadres d'origine locale pour gérer les territoires autonomes créés dans le cadre de sa politique des nationalités, mais là encore non sans ambiguïtés.

❑ ***Les implications géopolitiques*** sont également nombreuses dans ces confins frontaliers : des peuples sont artificiellement séparés par les frontières politiques (les Mongols, les Thaï); ils tendent à revendiquer une autonomie voire une indépendance politiques, pour les Ouïgours en parallèle avec les républiques musulmanes voisines issues de l'éclatement de l'URSS, pour les Tibétains avec la reconnaissance internationale du dalai-lama. À Pékin, la question d'un séparatisme des territoires non han n'est pas négociable : une telle situation remettrait en cause l'unité du pays – seul atout majeur restant au régime actuel – et serait une boîte de Pandore où les autres provinces, chinoises cette fois, pourraient revendiquer de nouvelles concessions de la part de l'État central. Les autorités chinoises répondent, aux revendications identitaires à base souvent religieuse, aux mouvements autonomistes et jusqu'aux attentats à la bombe comme au Xinjiang ou à Pékin, par une politique continue de répression, de colonisation et de développement économique ponctuel fondé sur les villes et les ressources naturelles de ces régions.

❑ ***Une mosaïque de peuples minoritaires.*** En fait, il faut certainement distinguer les minorités nationales en plusieurs types suivant l'histoire de ces peuples, des liens qu'ils entretiennent historiquement avec les Han, de leur poids démographique et de leur situation géographique.

Les minorités nationales sont en effet très diverses et Pékin reconnaît officiellement 54 minorités sur le territoire continental. Celles-ci se distribuent en quatre familles principales : la famille sino-tibétaine comprend les groupes zhuang (Zhuang, Buyi, Dong, Li et Thaï), tibéto-birman (Yi, Tibétains, Bai et Hani), miao-yao (Miao, Tujia, Yao) et chinois (Hui) ; la famille altaïque réunit les groupes turc (Ouïgours, Kazakhs), toungouse-mandchou (Mandchous) et coréen ; la famille môn-khmère regroupe seulement 440 000 personnes au Yunnan ; et la famille indo-européenne, avec les Russes et les Tadjiks, concentrent moins de 50 000 personnes au Xinjiang.

Les minorités chinoises toutes réunies représentaient 91 millions de personnes en 1990, soit 8 % de la population totale du pays – 109 millions en 1995 –, mais leurs poids démographiques variaient beaucoup entre les 16 millions de Zhuang, les 10 millions de Mandchous, et les 5 000 Tatars ou les 2 300 Lhoba du Tibet. Une mosaïque complexe de peuples emboîte d'ailleurs les régions, les départements (*zhou*) ou les districts autonomes des différentes ethnies. Un district autonome de Hui peut appartenir à un département mongol, lui-même inclus dans la région autonome du Xinjiang, comme à Korla.

❑ ***Trois types principaux d'ethnies*** peuvent en fait être distingués. Le premier type correspond aux minorités du Sud-Ouest chinois, qui ont été il y a plus de mille ans refoulées par les conquêtes méridionales des Han. Ces populations, des groupes zhuang-dong et miao-yao, ont dû alors trouver refuge dans les hauteurs collinéennes et montagneuses de la Chine du Sud, et laisser les axes de transports – et donc de commandement militaire et politique – ainsi que les terres cultivables par irrigation aux Han. Surtout, faute de traces écrites qui leur soient propres, elles trouvent aujourd'hui leur identité à travers l'histoire même de leurs relations avec les Han, dans les documents chinois des dynasties impériales. Un long travail d'intégration culturelle a fait son œuvre et les ethnies se distinguent entre elles suivant leur degré d'acculturation. L'espace en est un témoin exemplaire : les fonds de vallées du Guangxi, où se concentrent les plus fortes densités humaines, les cultures à haut rendement, les villes et les bases de contrôle des territoires environnants sont généralement peuplés par des Han et partiellement par des Zhuang ; ces derniers sont fortement assimilés – et leur nombre varie d'ailleurs en fonction de l'opportunité de se reconnaître zhuang ou de se déclarer han – et peuvent occuper les basses pentes, quand les Miao ou les Yao restent réfugiés dans les collines et y gardent nombre de leurs traditions et de leurs pratiques culturales.

Un deuxième type est constitué de la très spécifique ethnie Hui. Celle-ci comptait 8 600 000 personnes en 1990. Elle dispose de la région autonome du Ningxia, mais elle est dans les faits très dispersée sur le territoire chinois, jusqu'au Heilongjiang et au Guizhou. Elle est issue d'un métissage entre des Arabes, des Persans ou des autochtones d'Asie centrale venus sous les Tang et notamment sous les Yuan, et qui se sont fixés en Chine, et des femmes han. De confession musulmane, leur mode de vie les rapproche ainsi des Turcs du Xinjiang (pratiques cultuelles et alimentaires), alors que leur morphologie, la langue qu'ils parlent et jusqu'à l'architecture de leur mosquée les rattachent au monde han. Ils sont le plus souvent des commerçants, et nombre de grandes villes chinoises ont leurs rues ou leur quartier hui, de Xi'an à Canton.

Enfin, le troisième type réunit les minorités non han les plus connues (Ouïgours, Mongols, Tibétains) et les plus récemment rattachées au territoire chinois, sous la pression militaire hier de l'Empire han, aujourd'hui de la République populaire. Il s'agit de peuples nombreux, qui se concentrent sur de vastes territoires historiquement souverains. Le Xinjiang et le Tibet sont les seules régions autonomes où les minorités ethniques sont majoritaires, avec respectivement 62 % et 94 % de la population totale en 1997. La culture et la religion des Ouïgours et des Tibétains les individualisent en outre fortement de celles des Han. Ils ont une histoire qui leur est propre, en dehors de la civilisation chinoise, même si des échanges commerciaux et des relations politiques les ont sans cesse réunis. L'occupation actuelle qu'ils estiment subir des Chinois, les fronts de colonisation qu'ils constituent pour Pékin et la répression féroce dont ils sont l'objet sont autant de raisons pour une rancœur, un sentiment d'injustice et un désir de révolte tenaces chez des peuples qui se sentent étrangers à la Chine des Han.

LES DÉCOUPES ACTUELLES DU TERRITOIRE

Au total, s'il ne faut pas voir les découpes administratives de l'espace chinois comme une trame figée depuis des siècles – même sous l'Empire, elles ont connu des remaniements –, des permanences peuvent être soulignées. Les provinces actuelles (*sheng*) datent, pour l'essentiel, des Ming. Les échelons préfectoraux et sous-préfectoraux ont perduré sous la forme des préfectures (*diqu*) et des districts (*xian*).

❑ ***Vingt-deux provinces.*** Aujourd'hui, le territoire chinois se compose de vingt-deux provinces, parmi lesquelles dix-sept sont issues des « Dix-huit provinces » de l'Empire – le Guangxi est devenu une région autonome –, trois cor-

L'ORGANISATION DE L'ESPACE CHINOIS

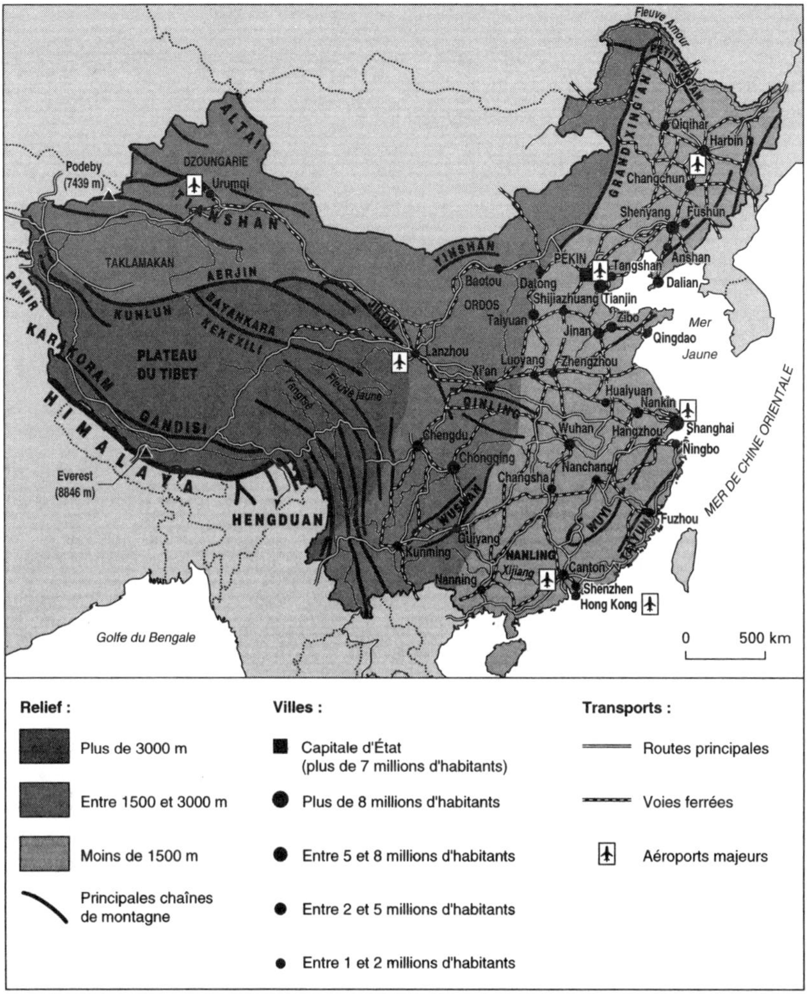

D'après Pierre Trolliet, *Géographie de la Chine,* Paris, PUF [1993], rééd. 1996, p. 11 ; et *Chine,* 1999, Paris, ministère des Affaires étrangères (Division géographique).

littorales concentrent les fortes densités chinoises, qui peuvent atteindre en milieu rural plus de 1 000 hab./km².

Plus à l'intérieur, la « Chine des dix-huit provinces » réunit des bassins, comme ceux du Hunan ou du Sichuan, des vallées, des espaces enclavés et isolés où les gorges, les seuils et les cols jouent un rôle déterminant. Ici, les fonds de vallées densément peuplés et mis en valeur par les Han depuis des siècles s'opposent généralement à des versants délaissés ou abandonnés aux minorités qui y ont trouvé refuge en Chine du Sud-Ouest.

Les altitudes augmentent progressivement vers l'ouest. Les plateaux de lœss que traverse le fleuve Jaune au nord et ceux du Yunnan et du Guizhou au sud esquissent un palier topographique à 1 000-1 200 m, que prolongent les terres extrêmes des déserts du Xinjiang (bassins du Tarim et de la Dzoungarie) et la haute plaine de Mongolie intérieure (désert d'Atashan). Le peuplement se fait plus rare et se distribue en archipel. Terres des Ouïgours ou des Mongols, ces régions sont, pour les Han, des espaces de colonisation. Enfin, les hauts plateaux tibétains, à 4 500-5 000 m, isolent la Chine du monde indien.

Cette disposition du territoire chinois se retrouve à tous les niveaux : densité de population, semis urbain, développement économique et social. Les trois Chine de la côte, de l'intérieur et des périphéries occidentales et septentrionales sont le produit d'une lente constitution du territoire à partir de la plaine du Nord, d'une occupation de l'espace qui privilégie les basses terres planes et d'une concentration des activités de commandement au profit du littoral.

Cette lecture, aussi fondamentale soit-elle, de l'espace chinois ne saurait néanmoins tout dire. Les principaux pôles côtiers doivent aussi leur essor à ce qu'ils se situent au débouché des grandes vallées fluviales qui permettent de pénétrer jusqu'aux terres intérieures : pour Lüshun (l'ancien Port-Arthur)-Dalian, le Liaohe relayé par la haute vallée de la Soungari en Mandchourie ; pour Pékin-Tianjin, le fleuve Jaune et la Wei jusqu'à Lanzhou et Xi'an ; pour Shanghai, le Yangtsé qui relie Nankin et Wuhan au bassin du Sichuan, et dont les affluents gagnent Guiyang, Changsha, Nanchang et – *via* le col des Pruniers et le Beijiang – Canton ; enfin, pour Canton-Hong Kong, le Xijiang qui parcourt les terres du Guangdong occidental, du Guangxi et du Yunnan jusqu'à Kunming.

L'armature urbaine reflète un tel dispositif. Les grandes métropoles se situent sur la côte. Outre leurs forts volumes de populations, elles concentrent une grande partie des activités industrielles et tertiaires du pays. Elles sont des pôles majeurs d'intégration de la Chine au système économique mondial. Les pénétrantes fluviales sont, pour leur part, bordées par des villes industrielles et commerçantes comme Wuhan ou Chongqing. Le cloisonnement de l'espace intérieur chinois a amené l'État à constituer des villes-capitales provinciales comme Changsha ou Guiyang, dont le commandement régional est renforcé par leur fonction de carrefours ferroviaires et routiers. Des villes-oasis ponctuent les larges espaces vides de l'Ouest et du Nord.

Enfin, même si l'État chinois a organisé le territoire au travers d'un maillage serré d'entités administratives et de pôles urbains vieux de plus de deux mille ans, il faut aussi souligner le poids du local dans la gestion effective des territoires. Le compartimentage des terres a sa contrepartie : un fort localisme fondé sur des attachements identitaires au pays natal, une relative autonomie politique et un rôle économique déterminant des autorités locales dans le développement à l'échelle du district, du bourg ou du village.

DOCUMENTS

■ Le retournement littoral

George Babcock Cressey fait partie, avec Sidney D. Gamble et John Lossing Buck, d'une génération de témoins occidentaux de la Chine à la fin de l'Empire et sous la République. Les analyses auxquelles leurs enquêtes de terrain ont donné lieu sont devenues pour nous de précieux documents.

Cressey eut un poste de géologue à l'Université de Shanghai en 1923. Il explora pendant six ans la plupart des provinces chinoises. Son livre sur La Géographie de la Chine *allait être publié par la Commercial Press de Shanghai, quand l'imprimerie fut détruite avec l'invasion japonaise au début de 1932. Il dut recomposer l'ouvrage, qu'il publia finalement aux États-Unis en 1934 sous le titre des* Fondements géographiques de la Chine.

Autrefois, la Chine faisait face au Nord et à l'Ouest, et le Pacifique était sa porte arrière. La porte de Jade, non loin de l'extrémité de la Grande Muraille au Gansu, était la porte d'entrée principale, et les contacts entre l'Asie intérieure et les provinces du Nord-Ouest ont joué un rôle majeur dans l'histoire du pays. Aujourd'hui, tout cela a changé. La Chine s'est retournée et elle fait dorénavant face au Pacifique. Shanghai, Canton et Tianjin ont remplacé Xi'an et Pékin. L'océan est maintenant une large voie au moyen de laquelle marchandises et connaissances atteignent la Chine. Des navires de tous pavillons fréquentent les ports de Chine et le commerce croît avec rapidité. Plus essentielles encore que les *biens* importés et exportés par la Chine, les *idées* traversent l'océan. Les contacts de la Chine ne sont plus limités à ses seuls voisins mais touchent les quatre coins du monde. La stupéfiante révolution économique et sociale qui occupe le pays est due très largement à ces nouvelles relations d'ampleur mondiale qui traversent les mers. Shanghai est aujourd'hui l'entrée principale de la Chine et la porte de Jade n'est plus qu'un souvenir poétique.

George Babcock Cressey, *China's Geographic Foundations - a Survey of the Land and its People*, New York, McGraw-Hill Book Company, 1934, pp. 7-8.

■ Les macrorégions chinoises

Dans chacune des principales régions physiographiques s'est développé un système urbain relativement simple : un groupe de villes qui concentrent en leur sein les relations interurbaines et dont les relations ville-campagne se bornent largement à leur région. Commençons par le fait principal : chaque région était caractérisée par la concentration en une zone centrale des ressources de toutes sortes – surtout, dans une société agraire, de terre arable mais aussi, bien sûr, d'hommes et de capitaux –, et par la raréfaction de ces ressources vers la périphérie. [...] Les processus écologiques, aussi bien naturels que technologiques (comme le transfert de fertilité par érosion, ou l'irrigation et l'utilisation d'engrais) augmentaient la productivité agricole dans les zones centrales faites de basses terres. [...] À l'exception du Yun-Kwei [les provinces du Yunnan et du Guizhou], ces « cœurs » régionaux sont les basses terres d'une vallée parcourue par une rivière, dont les avantages dans les transports surpassaient, presque par définition, les zones périphériques. Le coût des transports par bateau étant peu cher comparé à ceux par terre, les voies d'eau navigables dominaient les flux de transports dans toutes les régions, excepté le Yun-Kwei et le Nord-Ouest ; et, même là où les rivières n'étaient pas navigables, leurs vallées offraient les routes terrestres les meilleures. C'est ainsi que les points forts du réseau de transports se trouvaient dans les zones centrales, où la plupart des nœuds de transports étaient situés. Hormis le système fluvial, le terrain moins rugueux des zones centrales permettait pour un coût très faible de construire des routes et des canaux.

G. William Skinner, « Regional urbanization in Nineteenth-Century China », dans Skinner, G. William (dir.), *The City in Late Imperial China*, Stanford, Stanford University Press, 1977, pp. 216-217.

■ Les principales minorités chinoises en 1990

Famille sino-tibétaine

Groupe	Ethnie	Effectif	Localisation
zhuang-dong	Zhuang Buyi Dong Li Thaï	15 556 000 2 548 000 2 509 000 1 112 000 1 025 000	Guangxi, Yunnan, Guangdong Guizhou Guizhou, Hunan, Guangxi Hainan Yunnan
miao-yao	Miao Tujia Yao	7 384 000 5 725 000 2 137 000	Guizhou, Hunan, Yunnan, Guangxi, Chongqing, Hubei, Sichuan Hubei, Hunan, Chongqing, Guizhou Guangxi, Hunan, Yunnan, Guangdong
tibéto-birman	Yi Tibétains Bai Hani	6 579 000 4 593 000 1 598 000 1 255 000	Yunnan, Sichuan, Guizhou Tibet, Sichuan, Qinghai, Gansu, Yunnan Yunnan, Guizhou, Hunan Yunnan
chinois	Hui	8 612 000	Ningxia, Gansu, Henan, Xinjiang, Qinghai, Yunnan, Hebei, Shandong, Anhui, Liaoning, Pékin, Mongolie intérieure, Tianjin, Heilongjiang, Shaanxi, Guizhou, Jilin, Jiangsu, Sichuan

Famille altaïque

Groupe	Ethnie	Effectif	Localisation
toungouse-mandchou	Mandchous	9 847 000	Liaoning, Hebei, Heilongjiang, Jilin, Mongolie intérieure, Pékin
turc	Ouïgours Kazakhs	7 207 000 1 111 000	Xinjiang Xinjiang
mongol	Mongols	4 802 000	Mongolie intérieure, Liaoning, Jilin, Hebei, Heilongjiang, Xinjiang
coréen	Coréens	1 923 000	Jilin, Heilongjiang, Liaoning

China Statistical Yearbook, Pékin, China Statistical Publishing House, 1998, p. 43 ; et Pierre Trolliet, « Les “minorités nationales” en Chine », dans Jean-Pierre Larivière (dir.), *La Chine et les Chinois de la diaspora*, Paris, CNED-SEDES, 1999, pp. 34-35.

3
La communauté

Le confucianisme constitue la trame idéologique sur laquelle se sont greffés les autres courants spirituels et intellectuels de l'histoire chinoise. Il reste aux fondements de la culture chinoise actuelle et des relations entre les hommes.

Il offre une vision morale et sociale de l'homme. Celui-ci se définit par la place qu'il occupe au sein d'un groupe hiérarchisé. En retour, l'homme chinois utilise cette solidarité humaine à son profit. Les réseaux d'origines familiale, professionnelle ou régionale structurent l'espace social et économique du monde chinois.

Depuis 1949, l'encadrement politique et administratif des communautés et des individus s'est fortement resserré. Il est descendu à l'échelle des cantons. Des comités de villageois dans les campagnes et de citadins dans les villes ont été créés.

L'unité de production reste généralement un lieu fort de contrôle social, par les avantages qu'elle peut unilatéralement accorder ou retirer.

LE CONFUCIANISME COMME TRAME IDÉOLOGIQUE

La perception de son identité par l'homme chinois et les logiques communautaires qui en découlent ne peuvent certainement pas se réduire au seul confucianisme. Le terme de « confucianisme » est lui-même trompeur. Il ne s'agit pas d'un système de pensée fixé une fois pour toutes à l'époque de Confucius mais plutôt d'une généalogie intellectuelle qui s'est enrichie au fil des siècles des commentaires d'un corpus de textes lui-même variable, ainsi que des prises de position auxquelles ces commentaires ont donné lieu. Ce que nous appelons aujourd'hui confucianisme a également intégré un discours sur l'État et des influences taoïstes, puis bouddhistes, avec lesquels il fait corps depuis de nombreux siècles. En cela, nous pouvons voir dans le mouvement confucéen, bien plus qu'un système philosophique ou spirituel, un choix idéologique qui a *de facto* défini l'espace culturel chinois.

❑ ***La prégnance culturelle et sociale du confucianisme.*** Au XXe siècle, le confucianisme n'est plus idéologie d'État, il a perdu son omniprésence dans l'enseignement chinois, et le régime communiste s'est efforcé d'en éradiquer les conséquences dans les habitudes populaires durant ses trente premières années au pouvoir.

Néanmoins, l'éthique et le ritualisme confucéens imprègnent encore aujourd'hui si fortement la culture et les mentalités chinoises qu'ils se donnent comme une trame principale sur laquelle semblent se greffer les autres mouvements de pensée chinois et les influences culturelles importées.

Le confucianisme définit l'homme comme un être de relation sociale. L'être humain ne peut s'isoler de son rapport avec les autres. Au cœur de la pensée confucéenne, la notion de *ren* – « humanité* » ou « sens de l'humain » – traduit cette relativité fondamentale de l'homme : le caractère chinois qui représente le mot *ren* se compose de la clé de l'homme et du chiffre deux.

❑ ***Une éthique sociale.*** Dès l'abord, le confucianisme se pose en pensée non pas politique mais morale. L'homme se doit d'agir dans le monde et de respecter les rites, qui le mettent en conformité avec l'univers et ses congénères. En l'absence d'une transcendance qui poserait une égalité entre les hommes, l'homme trouve son identité dans la place qu'il occupe au sein d'une hiérarchie sociale rigide, structurée sur une base essentiellement générationnelle, que le culte des ancêtres a traditionnellement confortée. L'école de Confucius retient cinq relations principales qui fondent la société : père/fils; souverain/sujet; frère aîné/frère cadet; mari/femme; les relations entre amis. Des règles de soumission comme d'autorité morales, dans les deux sens, ont ainsi nourri une tradition asiatique d'effacement de la personnalité au profit du groupe. L'autorité politique ou paternelle se fonde sur une édification morale, consubstantielle d'un bon ordre du monde. L'individu qui ne tient pas sa place dans sa famille, son entreprise ou la société perd ses droits à une reconnaissance sociale et se marginalise de fait. En cela, la définition qu'a l'homme chinois de lui-même organise le monde dans la relativité, et elle entend qu'il respecte voire conforte par ses actes cet ordonnancement.

❑ ***Le confucianisme : frein ou moteur de l'évolution de la Chine ?*** Une telle idéologie a pu mener à des justifications conservatrices et paternalistes du pouvoir social. Il ne faut néanmoins pas voir le confucianisme comme une pensée fixiste. Certes, il est avant tout une culture de la transmission, rétive à l'innovation, et l'on a cru trouver dans les rigidités idéologiques de la fin de l'Empire les raisons du déclin chinois face aux puissances européennes, mais le confucianisme ne semble pas pour autant avoir entravé l'essor technique et social du pays sous les Song, ni aujourd'hui le développement rapide de la Chine postmaoïste – qu'il n'explique pas plus d'ailleurs.

En fait, en raison même de sa perception éthique, et donc mobile, de l'homme, le confucianisme a également légitimé des critiques et des révoltes contre l'abus du pouvoir, le népotisme, la corruption, le manquement aux devoirs attachés à la fonction de souverain, de père, de frère aîné ou de chef d'entreprise. Nous pourrions dire que les révoltes urbaines du printemps 1989 reprenaient sous le mot de démocratie l'idée confucéenne de « rectification des noms », soit l'exigence d'une nouvelle conformité entre les titres et l'exercice réel des fonctions – contre la corruption des fonctionnaires –, pour une meilleure et plus juste organisation des pouvoirs, et par là un plus large espace de liberté politique.

❑ ***Le poids du groupe.*** Du confucianisme découle surtout un poids très lourd de la communauté sur l'individu. Le groupe oriente ses actions et sa parole. Il attend de lui une soumission active. Le discours officiel ne peut être, par exemple, l'émanation d'une individualité, ni même traduire l'accord entre les membres du groupe : il doit exprimer la réalité vécue collectivement. La culture chinoise est une culture où l'on évite autant que possible le conflit, afin de se donner mutuellement la face et offrir l'image d'une harmonie collective. Avant même une réunion entre partenaires chinois, il n'est pas rare de mener officieusement des négociations qui doivent trouver les conditions d'un accord que la réunion officielle n'aura ensuite qu'à entériner.

Parallèlement, le discours est perçu comme efficace : il organise la réalité même. Cette tradition du discours officiel est restée aujourd'hui vivante. Elle explique comment la réception d'un étranger par une collectivité chinoise ou la présentation que fait d'elle-même une délégation chinoise confond le locuteur avec son groupe, et pourquoi le discours se veut tout autant performatif qu'informatif.

Le confucianisme est à l'origine d'une culture éthique, fondée sur l'écrit, où l'individu se définit fondamentalement par sa place dans une communauté hiérarchisée.

UNE CULTURE EN RÉSEAUX

Cette tentation de l'anonymat et de la fusion de l'individu dans le groupe ne peut toutefois pas, là encore, être assimilée à une seule oppression du groupe. L'individu joue aussi de ces structures et des appuis qu'elles lui offrent pour l'action. Les solidarités qui se nouent à travers le groupe sont des lieux de protection et d'identification. Elles lui permettent enfin d'agir en fonction des ressources des membres du groupe, et des réseaux de relations sur lesquels ces derniers peuvent l'ouvrir.

❑ ***Les relations interpersonnelles.*** La société chinoise se construit, hors de la famille, sur la notion de *guanxi* – ou relation interpersonnelle privilégiée*. Celle-ci domine les relations sociales, et elle limite fortement le recours aux voies de communication « blanches » (administratives par exemple). Le contact avec l'autre ne peut pas s'établir à l'aide d'une liste fonctionnelle (annuaire téléphonique, un quelconque « mailing »...). Il n'est *a priori* pas possible d'entrer en contact avec une personne inconnue sans pouvoir justifier d'une connaissance commune, d'une *guanxi* qui vous recommande et vous confère ainsi valeur et crédit. Les relations interpersonnelles doivent être fondées sur un réseau de connaissances que l'on a en commun et ainsi sur la confiance qui est issue de ce réseau.

Deux notions fondamentales interviennent ici : la confiance* (*xinyong*) et la face* (*mianzi*). Vous bénéficiez d'emblée, aux yeux de votre interlocuteur, de la confiance qu'il met en celui qui vous a introduit auprès de lui. La mise en relation engage en effet la crédibilité même de votre relation initiale, qui sait qu'il doit en assumer les risques. Celui qui ne respecterait pas sa parole perdrait la face en la faisant perdre aussi à celui qui l'a recommandé, et par là même tout crédit pour eux deux au sein du réseau. Parallèlement, les services à rendre et les engagements réciproques deviennent obligatoires dans cette structure en réseau. Vous offenseriez – et perdriez – un ami en n'accueillant pas la personne qu'il vous envoie, et celle-ci a en conséquence des droits.

La première étape franchie, le réseau auquel vos connaissances – et votre carnet de cartes de visite – vous font accéder permet d'exiger de vos interlocuteurs largement plus que ne l'autoriserait une relation « blanche ». Parce que je suis recommandé par M. Zhang, M. Lu me rendra tous les services possibles qu'il rendrait à M. Zhang sous peine de perdre la « face » vis-à-vis de ce dernier, ce qui implique aussi la condition tacite que je m'engage moi-même à lui rendre tous les services possibles dans le futur. Au concret, dans un monde culturel où les gestes pratiques et les valeurs matérielles occupent une place centrale, ces services peuvent être le moyen d'accélérer ou de faciliter une procédure, celui de trouver un emploi, celui d'emprunter de l'argent, celui d'entrer en contact avec des Chinois à l'étranger qui vous accueilleront et vous prendront en charge durant votre séjour. La confiance peut mener jusqu'à d'importants transferts de fonds à distance entre partenaires qui ne se sont jamais vus, sur la seule base d'une recommandation extérieure commune. Elle est le principe de base sur lequel s'appuient les tontines, des systèmes d'entraide financière entre individus qui ne se connaissent pas forcément, en marge d'une formalisation légale. La face permet aussi d'accélérer la conclusion de contrats entre responsables d'administrations ou d'entreprises, puisque l'accord verbal engage immédiatement la crédibilité de chacun des partenaires – même très éloignés – et évite de passer par un document écrit.

❑ ***Les réseaux de solidarités.*** On le devine aisément : un tel type de liaison sociale a de multiples incidences. L'espace social et économique chinois ne fonctionne pas suivant de simples rapports de contiguïté ou de proximité. Il s'articule à partir de réseaux interpersonnels variés, qui évoluent en parallèle, s'entremêlent, se relaient ou s'excluent. Il est confronté à des jeux d'influences entre des clans et des réseaux clientélistes rivaux. Le rôle crucial, pour les entreprises des régions côtières, d'entretenir des relations privilégiées avec des zones des productions intérieures afin d'assurer leur approvisionnement en matières premières est bien connu. Plus généralement, des solidarités entre localités, des chaînes migratoires ou des filières d'investissements entre le littoral et l'intérieur, peuvent se nouer, cela sans intervention des autorités centrales – ou parfois contre leur avis.

La communauté nationale est dès lors parcourue par des réseaux non seulement multiples, de nature et de rayonnement très différents, mais aussi déterminants pour la structuration du territoire chinois, réseaux dont certains sont évidemment le Parti communiste, l'Armée de libération, ou bien des solidarités à caractère régional – cantonaise ou shanghaienne par exemple. Ainsi, dans les premières années des réformes, la province du Guangdong a-t-elle profité de la présence dans les instances centrales du gouvernement chinois d'hommes, sinon originaires, du moins attachés personnellement au monde cantonais : Zhao Ziyang notamment – secrétaire général du Parti communiste de 1987 à juin 1989 – avait fait une grande partie de sa carrière politique à Canton, entre 1951 et 1967, puis de nouveau entre 1972 et 1975. Après les événements de Tian'anmen, les plus hautes fonctions du Parti et de l'État ont généralement été occupées par des hommes attachés à la municipalité de Shanghai.

❑ ***L'entraide des compatriotes.*** Le monde chinois, se fondant sur l'idée de solidarités en réseau, a historiquement abrité de nombreuses associations d'entraide sociale et économique utilisant l'appartenance au même pays natal comme liant humain. Les *tongxianghui* – ou associations de gens originaires d'un même lieu* – réunissaient les compatriotes d'une même province, ou d'un même district, évoluant à l'extérieur de leur lieu d'origine, dans des structures d'assistance mutuelle. Elles les faisaient bénéficier, à l'échelle du pays et dans certains pays satellites de l'Empire, de réseaux hôteliers, bancaires ou commerciaux, et débouchaient sur des politiques d'embauche privilégiées. Sous les Qing, les principales corporations de marchands disposaient de foyers* (*huiguan*) dans les grandes villes du pays, où les compatriotes d'une même province pouvaient loger, se réunir et s'échanger des informations. Malgré l'opposition officielle du régime communiste à de telles pratiques, celles-ci existent toujours à travers les bureaux de représentation des autorités locales, de leurs banques ou de leurs entreprises les plus importantes, dans les principales métropoles chinoises. Les investissements hôteliers des provinces littorales les ont souvent conduites à créer des bases d'accueil pour leurs compatriotes à Pékin, Shanghai ou Hong Kong.

❑ ***La dérive des réseaux traditionnels.*** Les réseaux chinois peuvent enfin dériver vers des activités informelles voire illégales. Une culture en réseaux peut faciliter la corruption, le népotisme, le localisme dans ses formes les plus variées. Le développement actuel de la Chine, s'appuyant pour une bonne part sur des entreprises appartenant à l'État ou aux collectivités locales, a été l'occasion pour bon nombre de cadres de détourner ou même de s'approprier les entreprises dont ils avaient la charge, et de faire profiter leurs familles et amis des avantages qui en découlaient. Parallèlement, le phénomène le plus connu du monde chinois à l'étranger est celui des sociétés secrètes – ou triades. En Chine continentale, pour asseoir son autorité, le régime communiste a, là encore, essayé de les éliminer dans les années 1950. Mais ces organisations du crime (trafic de drogue, d'armes, prostitution, racket…) ont refait surface avec le desserrement politique actuel et une démultiplication des possibilités d'enrichissement, notamment dans les provinces du sud de la Chine. Elles sont aujourd'hui si fortes dans l'arrière-pays de Hong Kong que le pouvoir en place à Pékin, à travers son ministre de la Sécurité publique, les qualifiait de « patriotiques » au début des années 1990.

Au total, la société chinoise actuelle reste ainsi structurellement traversée par des réseaux familiaux, professionnels et régionaux, entraînant des solidarités tant horizontales que verticales qui façonnent l'espace politique, économique et social, et échappent à un État possible de droit, malgré le net resserrement du maillage administratif opéré par les pouvoirs chinois successifs au XXe siècle.

❑ ***Réseaux et identités multiples.*** Surtout, dans un tel contexte, il faut souligner combien l'individu chinois tient à sa disposition une multiplicité de réseaux et d'identités dont il peut successivement ou concurremment user aux fins qu'il s'assigne dans l'instant. Un Hakka de Canton peut tout à la fois – dans la même journée – faire jouer ses racines hakka dans son milieu familial et amical pour obtenir une protection ou une aide financière, parler le cantonais avec ses voisins et dans la rue, écrire et négocier un contrat en chinois mandarin avec ses interlocuteurs venus d'une province étrangère au Guangdong, et présenter un visage chinois à l'homme d'affaires occidental.

L'ENCADREMENT

Les analystes du monde asiatique ont depuis longtemps insisté sur la capacité de la civilisation chinoise à encadrer de fortes densités de populations, et à permettre à celles-ci de survivre au prix de lourds travaux d'aménagement collectifs. Les considérations sur les potentialités peuplantes des rizières des deltas chinois ont été prolongées par la mise en évidence des structures politiques et autoritaires – voire despotiques – en action dans cette région du monde. En fait, ces conclusions peuvent être historiquement nuancées et elles trouvent surtout leur pertinence dans l'encadrement renforcé que connaissent les campagnes chinoises au XXe siècle, et depuis 1949 plus particulièrement.

❑ ***Le rôle historique de l'État et ses limites.*** L'État impérial s'est certes traditionnellement réservé les charges de lutter contre les calamités naturelles et d'organiser l'espace national à travers les grands travaux d'aménagement des fleuves chinois, la création d'ouvrages comme la Grande Muraille et le Grand Canal, ou la gestion des greniers à riz pour parer aux disettes; et le régime communiste n'a fait en cela que reprendre à son compte une fonction historique de l'État chinois – depuis les fronts de colonisation et les campagnes de reboisement jusqu'au projet actuel du barrage des Trois Gorges. Mais les autorités administratives n'avaient pas pour autant les moyens, avant les années 1950, de contrôler efficacement les bourgs-marchés, les villages et *a fortiori* les individus.

Sous l'Empire, l'encadrement administratif d'État s'arrêtait à l'échelon du district. L'envoi d'un unique fonctionnaire au chef-lieu du district, étranger à la région, matérialisait une présence physique de l'État dans les campagnes plutôt qu'il ne lui en permettait le contrôle. L'État chinois devait composer avec les pouvoirs locaux pour s'assurer leur allégeance. Le sous-préfet était secondé par des subalternes locaux dont la connaissance du dialecte local et la familiarité avec les populations et les lieux leur permettaient de gérer effectivement la circonscription, d'assurer les fonctions de police et de lever les impôts. L'affaiblissement de l'État au XIXe siècle incite les fonctionnaires relevant de la capitale à compter sans cesse plus fortement sur la collaboration des élites locales (propriétaires fonciers, riches commerçants, lettrés ayant échoué aux examens...), qui, outre leurs intérêts propres, représentaient officiellement ceux de la communauté face au pouvoir central.

❑ ***Le resserrement du maillage administratif par le régime communiste dans les campagnes.*** Malgré des tentatives ponctuelles de modification à l'époque républicaine, c'est avec l'arrivée au pouvoir du régime communiste que les rapports entre le politique et la société rurale changent fondamentalement. L'État resserre alors le maillage administratif par lequel il encadre la population, et ses structures sont doublées par des organismes du Parti communiste qui ont le pouvoir effectif de décision. Dès juin 1950, le gouvernement central lance une politique de réforme agraire. Il prône une expropriation des propriétaires fonciers et parfois des paysans riches, ainsi qu'une confiscation de leur capital productif. Dans ce dessein, à l'occasion de violents « meetings de lutte » organisés par les nouvelles associations paysannes, les communistes excitent la vindicte des paysans contre leurs élites locales et cherchent ainsi à briser les solidarités horizontales de la communauté au profit d'une fidélisation verticale. Désormais, l'encadrement de l'État descend jusqu'à l'échelon du canton. En 1955, presque tous les cantons disposent d'une cellule du Parti. Des cadres administratifs mais aussi politiques – fonctions confondues souvent dans les mains des mêmes individus – représentent le pouvoir : ils relayent, à des degrés divers suivant les périodes, les mots d'ordre du gouvernement et du Parti, et imposent les exigences du plan.

Cette intrusion active du politique dans le monde rural trouve bien sûr son apogée avec la collectivisation et la création des communes populaires, composées de brigades – correspondant aux villages – et d'équipes de production. L'État s'octroie alors un contrôle monopolistique sur les paysans, puisqu'il dispose des terres et des moyens de production agricole, distribue les tâches, fixe les objectifs de production, assure le logement, le ravitaillement en biens de consommation et le loisir des individus. À ce terme, la société rurale chinoise n'a plus, dans sa structure, de points communs avec celle de l'Empire.

Aujourd'hui, la libéralisation de l'économie a certes rendu aux paysans les terres issues de la réforme agraire, la liberté de cultiver et de commercer leurs productions agricoles comme ils l'entendent. Une rentabilité centrée sur le foyer familial est redevenue prioritaire. Néanmoins, les structures administratives et politiques restent en place. Ainsi, même s'il n'a plus le pouvoir économique des trente premières années du régime, s'il n'est plus, suivant l'expression courante, l'« empereur local », le secrétaire de la cellule du Parti communiste joue toujours un rôle important dans le relais de la ligne officielle des autorités et l'administration du village. Il contrôle toujours *de facto* l'ultime maillon administratif, le comité de villageois, et les nouveaux nantis qui émergent avec l'économie de marché se heurtent à lui. On devine aisément comment la situation actuelle peut être dès lors la porte ouverte aux maux dont se plaint si fréquemment la population chinoise – malgré les mesures d'assainissement du pouvoir central lui-même : abus de pouvoir actif ou passif, népotisme, corruption.

❑ ***L'encadrement des villes.*** Le monde urbain est pareillement quadrillé par un maillage administratif doublé de structures correspondantes du Parti communiste. Nous l'avons vu : l'arrondissement urbain se décompose en quartiers, eux-mêmes constitués de comités de citadins. Ces comités sont traditionnellement les lieux de gestion de la communauté, de contrôle des individus et d'entraide entre les membres d'un même bloc d'habitations collectives. Même si, là encore, leur rôle a tendu à diminuer ces dernières années, il n'est pas rare de voir dans les rues des femmes – souvent âgées – qui, munies d'un brassard rouge et assises sur un tabouret à proximité d'un téléphone public ou du poste de gardiennage d'un parc à vélos, discutent entre elles, surveillent les allées et venues des habitants, et interviennent au moindre problème. La présence de ces représentantes d'un ordre communautaire totalisant rappelle combien la société chinoise même urbaine ignore l'anonymat… et l'espace privé.

❑ ***Les unités de travail.*** En fait, l'encadrement des populations urbaines passe surtout par l'inscription des individus dans des unités de travail* (*danwei*). Celles-ci peuvent correspondre à une entreprise (publique, collective, sino-étrangère…), à une administration (un ministère), à un service urbain comme les transports (une compagnie d'autobus), la santé (un dispensaire, un hôpital) ou l'éducation (un lycée, une université). L'unité de travail n'intervient pas seulement dans le domaine professionnel, mais aussi dans la vie privée de ses employés. Elle fournit le logement à un loyer modéré, la crèche pour les enfants, les services de l'hôpital avec lequel elle est en lien, parfois des vacances en commun avec les collègues de travail ; elle donne également les lettres d'introduction pour les démarches à l'extérieur de l'unité et même son approbation écrite pour le mariage ou le divorce de l'un de ses membres. Elle a ainsi été le pivot central de la politique de planification des naissances par les avantages qu'elle concède ou reprend et, grâce à elle, la ligne malthusienne du pouvoir central renforcée depuis 1979 a pu être respectée bien mieux dans les villes que dans les campagnes, où les autorités ont au total moins de moyens de contrainte.

De nouveau, il faut dire que les choses ont évolué dans les années 1990. Les unités de travail, et à travers elles les instances internes du Parti communiste, ne s'opposent plus, par exemple, aux choix des individus lors de leur mariage – même si elles gardent le pouvoir formel de veto… Surtout, les réformes actuelles remettent radicalement en cause la légitimité économique de ces entreprises alourdies de fonctions sociales qui handicapent leur rentabilité possible. L'entreprise chinoise passe actuellement du rôle multiple d'acteur spatial, économique, social, à celui plus strict de lieu de production : elle perd en cela sa fonction de redistribution où se retrouvait combinée une idéologie communautaire traditionnelle à celle du système socio-économique des républiques populaires.

Avec la modernisation en cours de l'espace économique et urbain, et plus particulièrement des entreprises publiques ou collectives, l'émergence d'un marché libre du travail, l'autonomisation du logement et l'effort consenti par les autorités publiques pour prendre à leur charge les secours sociaux (retraite, maladie, chômage...), nous verrons dans les deuxième et troisième parties comment la communauté chinoise cherche aujourd'hui à se redéfinir, en décloisonnant notamment les différents domaines que sont le politique, l'administratif, l'économique et le social.

DOCUMENTS

■ Apprendre à être humain

La visée pratique de l'éducation est de former un homme capable, sur le plan politique, de servir la communauté et, en même temps, sur le plan moral, de devenir un « homme de bien », les deux plans n'en faisant qu'un puisque servir son prince s'assimile à servir son père. À une époque où l'éducation constitue le privilège d'une élite, Confucius affirma qu'un tel privilège doit être apprécié à sa juste valeur et assorti d'un sens des responsabilités. Loin de vouloir bouleverser l'ordre hiérarchique – par exemple en prônant l'éducation comme moyen d'ascension sociale, même si cela devait devenir un processus inévitable tout au long de la période pré-impériale –, Confucius le cautionne au contraire, mais en lui insufflant un sens moral : la responsabilité des membres de l'élite éduquée est précisément de gouverner les autres pour leur plus grand bien. C'est ainsi que s'esquisse, d'entrée de jeu, le destin « politique » (au sens large) de l'homme éduqué qui, au lieu de se tenir en retrait pour mieux remplir un rôle de conscience critique, se sent au contraire la responsabilité de s'engager dans le processus d'harmonisation de la communauté humaine. [...]

Un terme fréquent dans les *Entretiens* est celui de *junzi* (litt. « fils de seigneur »), qui désigne généralement dans les textes anciens tout membre de la haute noblesse mais qui, dans le langage de Confucius, prend un sens nouveau, la « qualité » de l'homme noble n'étant plus déterminée exclusivement par sa naissance, mais dépendant aussi et surtout de sa valeur comme être humain accompli. L'élévation n'est plus tant celle de la naissance et du rang social que celle de la valeur morale. Le *junzi* est donc « l'homme de qualité » ou « l'homme de bien* », par opposition au *xiaoren*, « l'homme petit » au sens moral, ou « l'homme de peu ». Cette opposition qui revient comme un leitmotiv dans les *Entretiens*, même si elle revêt chez Confucius un sens plus moral que social, indique bien une continuité dans la conscience propre aux *junzi* de former une élite. [...]

La grande affaire de l'apprendre est donc de devenir « homme de bien ». En d'autres termes, empruntés à un grand penseur confucéen du XIe siècle, « apprendre, c'est apprendre à faire de soi un être humain ». On ne saurait mieux dire qu'être humain, cela s'apprend et cela constitue une fin en soi. C'est même la valeur suprême, il n'en est pas de plus haute. Comme tous les penseurs chinois, Confucius part d'un constat fort simple et à la portée de tous : notre « humanité » n'est pas un donné, elle se construit et se tisse dans les échanges entre les êtres et la recherche d'une harmonie commune. Toute l'histoire humaine ainsi que notre expérience individuelle sont là pour nous confronter à l'évidence qu'humains, nous ne le sommes jamais assez et que nous n'en finirons jamais de le devenir davantage.

Anne Cheng, *Histoire de la pensée chinoise*,
Paris, Éditions du Seuil, 1997, pp. 61-62.

■ Les réseaux de la diaspora chinoise

L'origine géographique de [la diaspora chinoise] n'est pas *la* Chine ; mais, pour les neuf dixièmes, trois provinces méridionales et littorales seulement, le Fujian, le Guangdong et Hainan, qui ne font pas le dixième de la population de la Chine entière. Encore conviendrait-il de préciser que ce n'est qu'une frange littorale de ces provinces, deux douzaines de districts, guère plus, qui l'alimente, ce qui change singulièrement la valeur du rapport entre population du pays d'origine et population de la diaspora. La restriction est d'autant plus légitime que ces foyers du littoral méridional s'inscrivent dans des aires géolinguistiques extrêmement individualisées ; des dialectes très différents de la langue nationale, non intercompréhensibles, et des pratiques religieuses et sociales spécifiques, ont articulé et structuré l'émigration selon plusieurs ensembles. C'est par ces filières dialectales que se sont recrutés les migrants au long des siècles, par elles que s'est forgée une conscience identitaire doublant le sentiment d'appartenance « nationale », par les temples et les associations culturelles et professionnelles que s'est structurée la société émigrée et que se sont créées et organisées les activités économiques. Les bouleversements politiques et les nouvelles dimensions des pratiques économiques nationales et internationales semblent assurément devoir conduire au décloisonnement, au dépérissement des dialectes et des « sous-économies ethniques » ; mais en attendant, les filières ne se sont pas encore taries, comme le montrent par exemple après quarante ans de verrouillage, la résurgence, clandestine ou non, de l'immigration Wenzhou en France et dans les pays voisins ; ou la prospérité spectaculaire des commerces chinois d'import-export du XIIIe arrondissement de Paris, tenus par des *Chaozhou* réfugiés du Cambodge et du Laos et connectés sans délai avec leurs « compatriotes » exportateurs de Thaïlande – un commerçant venu du Fujian ou de Shanghai aurait-il réussi de la même manière ? Les « sous-économies ethniques » évoluent, mais marquent encore de leur empreinte historique bien des secteurs : banque, hôtellerie, commerce de gros dominés par les Chinois *minnan* à Singapour et en Malaisie ; secteur agroalimentaire tenu par les Chaozhou en Thaïlande, en Indochine et en Europe ; restauration pratiquée par les Cantonais un peu partout, tandis que les Hainanais et les Hakka ont dû se contenter de créneaux souvent moins gratifiants (mines, artisanat, agriculture, cafés). Les dialectes perdurent, même chez les étudiants d'origine chinoise nés en France ou dans les départements et territoires d'outre-mer ; mais le cantonais est devenu la langue d'affaires depuis les années 1980 en cette Chine méridionale qui a exporté ses coolies au XIXe et au XXe siècle et qui aujourd'hui exporte le travail de ses nouveaux « coolies », surtout femmes et souvent enfants, par le biais des transferts industriels de Hong Kong et de Taiwan, qui font du Guangdong et du Fujian des « provinces ateliers ».

Pierre Trolliet, « Peut-on parler d'une diaspora chinoise ? »,
L'Espace géographique, Paris, 1994, 2, pp. 101-103.

Deuxième partie

LA MODERNISATION

L'histoire récente de la Chine a été marquée par deux ruptures fortes, qui ont brisé les équilibres structurels d'une Chine impériale, continentale et autocentrée sur ses valeurs traditionnelles. Ces deux ruptures datent de l'ouverture de la Chine sous la pression des Occidentaux en 1839-1842 et de l'installation du régime communiste en 1949. Elles ont entraîné une modernisation radicale de l'espace économique chinois : la première, par la concentration des pouvoirs économiques le long du littoral, qui aboutit sous la République à la suprématie de Shanghai dans l'armature urbaine et à l'émergence d'autres grandes villes comme Tianjin; la seconde, par l'installation d'un système productif et social d'inspiration socialiste à l'échelle du pays dans les années 1950.

En la matière, la Chine ne s'est pas modernisée suivant le mode d'assimilation culturelle et technique dont le Japon a fait preuve dans la même période. Il s'agit bien ici de ruptures, en ce que l'importation de nouveaux modèles a eu lieu dans un contexte d'agression politique et militaire. La Chine n'a pas eu le choix ni la maîtrise d'une intrusion de la modernité sur son territoire, et les puissances occidentales et japonaise se sont progressivement approprié de larges parts de ce même territoire, devenues rapidement parmi les plus essentielles à l'économie du pays.

Un nationalisme farouche, exigeant le retour à une intégrité territoriale de la Chine, a ainsi parcouru ce dernier siècle et orienté logiquement les choix des dirigeants chinois. La voie de développement suivie entre 1949 et 1978, qui se veut une alternative à l'ouverture forcée du colonialisme d'hier et qui se met en place sous l'influence soviétique dans un contexte de guerre froide, se fonde sur un repli et un isolement du pays – d'autant plus prononcés après la rupture avec l'URSS en 1960.

La volonté des dirigeants chinois durant les trente premières années du régime fut aussi de réduire les disparités régionales issues du développement inégal des années d'« humiliation ». Surtout, dans les années 1950, l'accent fut mis sur les villes de l'intérieur, contre le littoral – que pouvaient menacer les armées des pays anticommunistes présents dans les mers de Chine et du Japon. Les politiques menées à partir de 1958, date du Grand Bond en avant, ont en outre voulu réduire les spécialisations régionales en matières agricole et industrielle afin d'assurer l'autonomie de chaque province. À l'isolement national a donc répondu un compartimentage de l'espace chinois fondé sur une logique d'autarcie économique. Par là, l'histoire récente a conforté les tendances traditionnelles – aidées de la topographie – au cloisonnement de l'espace chinois, sans que les disparités régionales aient pour autant disparu : les pôles littoraux maintenaient leur primauté. Ainsi, même sous le régime d'une économie planifiée, il n'y a pas eu création d'un espace économique unifié.

Or c'est dans cette configuration spatiale et économique que les réformes ont été lancées depuis 1978. Contrairement aux nouvelles et radicales ruptures que connaissaient les anciennes démocraties populaires de l'Europe centrale et orientale, la Chine n'a pas vu son régime politique tomber, et elle n'a pas eu à balayer brutalement des structures socialistes en décomposition au profit des règles d'un libéralisme strict imposé de l'extérieur. Le régime communiste chinois a, au contraire, lancé et conduit lui-même les réformes économiques et sociales. En cela, cette transition vers l'économie de marché s'est appuyée sur l'héritage d'une Chine hier rigoureusement socialiste, et elle n'a affecté que progressivement les différents secteurs économiques, les différents espaces et strates de la société, les différents acteurs en présence.

Pour ces raisons, on ne peut comprendre l'évolution actuelle du pays sans en connaître le substrat fondamental, mis en place entre 1949 et 1978.

L'actuelle phase de l'histoire chinoise s'inscrit aussi dans la longue durée et l'on ne peut que souligner les similitudes géographiques de l'ouverture contemporaine avec celle du XIXe siècle, privilégiant la façade maritime chinoise. Cette répétition historique d'une configuration spatiale opposant le littoral à l'intérieur chinois réactive aussi une géographie humaine et économique aux origines très anciennes.

Enfin, outre que son choix en revient aux autorités chinoises, l'élément nouveau de l'ouverture actuelle tient certainement aux moyens dont elle dispose. Les nouveaux modes de communication, la rapidité et l'efficacité des transports de marchandises et de personnes, celles des flux de capitaux et d'informations créent une solidarité sans précédent entre la Chine et ses partenaires étrangers dans un contexte de mondialisation. Une telle solidarité n'est d'ailleurs pas sans ambiguïté. En l'occurrence, la Chine est, parmi les pays en voie de développement, l'un de ceux qui ont su le mieux se protéger des dépendances financières et politiques du système économique mondial.

Surtout, l'un des avantages décisifs de la Chine tient à son ouverture à une communauté chinoise de l'extérieur – qu'elle soit celle des « compatriotes* » de Hong Kong, Macao et Taiwan, ou celle des Chinois d'outre-mer*, ceux de la diaspora proprement dite –, qui a prospéré à l'étranger et s'est enrichie suivant les règles du libéralisme économique. Les Chinois de l'extérieur réinvestissent, depuis vingt ans, une partie de leurs capitaux, délocalisent un certain nombre de leurs usines ou reviennent s'installer sur le Continent, tant pour réaliser des affaires que faire montre de leur réussite.

C'est dans un tel contexte que la transition économique chinoise, prolongée par les rétrocessions de Hong Kong et Macao, le rapprochement – difficile – avec Taiwan et l'affirmation de la diaspora chinoise à l'étranger, est l'un des moteurs essentiels de la possible constitution d'un monde économique chinois. Cette transition économique doit être, quant à elle, analysée au vu de trois points : la mise en place du système socialiste, son aménagement progressif par les réformes lancées depuis 1978, enfin les espaces et la nature de l'ouverture à l'étranger.

4
L'héritage socialiste

L'installation du régime communiste permet à la Chine de retrouver une pleine souveraineté sur son territoire.

Sous l'influence des Soviétiques, une économie planifiée et les cadres d'une société socialiste sont rapidement mis en place. La priorité est donnée à une industrialisation des villes, notamment de l'intérieur, jusqu'au retournement maoïste de 1956.

Le Grand Bond en avant, puis la Révolution culturelle marquent un aboutissement dans la transformation de la société rurale (instauration des communes populaires) et du secteur productif chinois (dissémination de micro-unités industrielles) par le nouveau régime.

Mais les excès d'une planification idéale et des mouvements de masse, organisés par les factions politiques qui se disputent le pouvoir, mènent à un retour des dirigeants pragmatistes au début des années 1960, puis de nouveau à la fin des années 1970.

Malgré les discours idéologiques de la Révolution culturelle, et les échos qu'ils ont rencontrés à l'époque dans les milieux intellectuels à l'étranger, malgré surtout l'unité que les réformes lancées par Deng Xiaoping confèrent rétrospectivement à la période qui va de 1949 à 1978, la Chine populaire n'a pas connu durant ces trente premières années une voie de développement socialiste unique, continue et précisément définie. En fait, en dehors de la mise en place de structures économiques et sociales avec l'aide des Soviétiques au début du régime communiste, des clivages se font jour au sein des dirigeants communistes chinois et se radicalisent à partir de 1956-1957, clivages qui reflètent des rivalités personnelles mais s'appuient aussi sur des conceptions idéologiques et économiques clairement opposées.

Deux stratégies politiques s'affrontent alors, et se sont succédé par période en fonction des rapports de force au sein du Parti et des mécontentements que suscite l'orientation politique du moment. La première stratégie se traduit par un activisme maoïste fondé sur une mobilisation idéologique des masses, un volontarisme productiviste, une sorte de romantisme idéalisant le dévouement de l'individu au groupe et une autonomisation économique des cellules communautaires ; la seconde tient dans un réformisme pragmatique privilégiant les compétences des techniciens contre les idéologues et l'efficacité économique contre une uniformisation égalitariste. Exacerbés par les excès de la Révolution culturelle, ces clivages ont parcouru tout l'appareil décisionnel chinois, du plus haut niveau à la base, jusqu'aux années 1980 et ils ont ensuite été renouvelés par des oppositions au sein même des réformateurs.

LE MODÈLE SOVIÉTIQUE

Dans les années 1950, les structures socialistes mises en place sont directement inspirées de l'URSS. La Chine signe avec Moscou, en février 1950, un traité d'amitié, d'alliance et d'assistance mutuelle, et cette coopération est régulièrement renouvelée en mars 1953, avril 1956 et février 1959, jusqu'au rappel des experts soviétiques par Khrouchtchev en juillet 1960.

❑ ***La fondation du nouvel État.*** L'influence soviétique se traduit dès l'abord par un recentrage continental en lien avec l'affirmation d'un nouvel État chinois, uni et garant de l'intégrité territoriale. Par là, le régime communiste renoue aussi avec des traditions terrestres, étatiques et bureaucratiques héritées de l'Empire. Il retrouve sa pleine souveraineté sur les marges non chinoises de son territoire : Mandchourie, Mongolie dite intérieure (création de la région autonome dès 1947), Xinjiang (1950) et Tibet (1951). Plus radicale même que la politique des nationalités de la fédération soviétique, la constitution adoptée en 1954 fait de la Chine un État multinational unitaire, refusant ainsi aux minorités le droit de faire sécession. Le découpage du territoire national et la création d'entités administratives et politiques correspondantes prolongent enfin cette installation du régime communiste, dont le Parti atteint cinq millions de membres à la moitié des années 1950.

❑ ***La mainmise de l'État sur l'économie.*** La voie de développement suivie alors est également importée. Les dirigeants recourent aux outils classiques d'un contrôle politique de l'économie : plans quinquennaux, centralisation des décisions en matière de choix économiques, d'allocations des ressources et des équipements, d'attribution des investissements, de fixation des prix et de commercialisation des produits. La Commission d'État pour la planification est créée en 1952. Elle place la réalisation des objectifs du plan sous la responsabilité des ministères, relayés eux-mêmes par leurs représentations régionales, provinciales et locales. Un système économique centralisé et fortement hiérarchisé veut ainsi substituer une verticalité décisionnelle – et territorialement unificatrice – aux cloisonnements horizontaux traditionnels. Gao Gang en Mandchourie et Rao Shushi dans la région de Shanghai sont condamnés, en mars 1955, pour avoir voulu créer des fiefs régionaux indépendants.

❑ ***Le premier plan quinquennal (1953-1957)***, dont le programme n'est rendu public qu'en 1955, entend fonder la modernisation économique de la Chine sur une industrialisation urbaine donnant la priorité à l'industrie lourde (sidérurgie, mines) contre les biens de consommation favorisés par la Chine pré-communiste, et sur la création de pôles économiques loin du littoral, à l'intérieur du pays. Le secteur industriel, avec 694 projets prioritaires, concentre à lui seul 58 % des crédits prévus par le plan, et 89 % de ces investissements reviennent aux seules industries des biens de production et de la défense militaire.

Plus de la moitié des crédits sont alloués aux provinces intérieures. De grandes villes se voient dotées d'immenses complexes industriels ; au nord, Baotou (Mongolie intérieure), Lanzhou (Gansu), Xi'an (Shaanxi), Taiyuan (Shanxi), Shijiazhuang (Hebei), Luoyang et Zhengzhou (Henan) ; au sud, Wuhan (Hubei) ; à l'ouest, Urumqi (Xinjiang), Chengdu et Chongqing (Sichuan), Kunming (Yunnan). Des villes minières sont créées comme Yumen (Gansu) ou Yinchuan (Ningxia). Parmi les pôles littoraux, l'ancienne Mandchourie est la seule à garder la faveur des planificateurs, avec les aciéries d'Anshan (Liaoning) ; les autres grandes villes de la côte sont l'objet d'une industrialisation plus ponctuelle, comme Shanghai avec le quartier de Zhabei en centre-ville ou les quatre nouvelles périphéries industrielles de Beixinjing, Pengpu, Qingningshi et Zhoujiadu.

Ces complexes sidérurgiques et métallurgiques ont permis de rapprocher matières premières et industrie de première transformation, et ainsi de spécialiser des régions jusque-là gravement sous-développées, notamment à l'ouest du territoire chinois. Ils sont restés, malgré les fluctuations des politiques économiques, les fers de lance et les vitrines du régime jusqu'aux années 1980, date d'une profonde crise, économique et sociale, que les autorités centrales tentent aujourd'hui – difficilement – de résorber.

❑ ***L'installation du régime dans les villes.*** Dans le même temps, le pouvoir se rend progressivement maître des entreprises industrielles et urbaines préexistantes. Après avoir coopéré avec les anciennes élites économiques restées sur le territoire, le régime lutte contre les cadres politiques, administratifs et militaires coupables de s'être laissés corrompre par les capitalistes en lançant la campagne des trois anti (contre la corruption, le gaspillage et le bureaucratisme) de décembre 1951. Il s'attaque ensuite directement à ces mêmes hommes d'affaires et entrepreneurs, pourtant qualifiés hier de « patriotes », avec la campagne des cinq anti (versements de pots-de-vin, fraudes fiscales, détournements des biens de l'État, escroquerie dans les contrats conclus avec l'État, obtentions illégales d'informations économiques émanant de l'État) d'avril 1952.

Enfin, le régime met un terme au rôle économique des anciennes élites urbaines. Il se réserve le monopole de l'économie urbaine. Le secteur nationalisé représente 35 % de la production industrielle en 1949, 56 % en 1952. Les entreprises industrielles et commerciales dans les grandes villes chinoises sont totalement nationalisées en janvier 1956. À cette date, les plus importantes entreprises sont : pour les deux tiers, des entreprises d'État ; pour un dernier tiers, des entreprises mixtes relevant des autorités centrales.

Le monde urbain est également touché par des épurations successives d'ordre idéologique : la campagne d'élimination des « contre-révolutionnaires » en février 1951, celles qui sont menées contre des intellectuels éminents (Yu Pingbo, Feng Xuefeng, Hu Feng) en 1954 ou pour l'élimination des « contre-révolutionnaires cachés » en 1955, et surtout celle des Cent

Fleurs en 1957, qui s'est traduite par une libéralisation intellectuelle suivie d'un brutal retournement contre les intellectuels « droitiers ». Toutes ces campagnes laisseront des cicatrices profondes et bon nombre de ces « droitiers » ne seront réhabilités que vingt ans plus tard.

❑ ***La réforme agraire de 1950 et l'encadrement de la production agricole.*** Les premières mesures que le régime communiste prend au début des années 1950 sont surtout en faveur d'une paysannerie sur laquelle il s'est appuyé dans sa stratégie de conquête du pouvoir. La réforme agraire de juin 1950 confisque leurs terres aux propriétaires fonciers, largement absentéistes et habitant les villes, et elle ne laisse aux paysans riches – suivant la classification établie par Mao Zedong en 1933 – que les terres qu'ils peuvent directement cultiver. Cette réforme permet la redistribution de 47 millions d'hectares au profit de 300 millions de paysans pauvres, sur la base de 15 ares par tête.

Mais les effets de cette première réforme ont été éphémères, puisque, dès la fin de 1953, les dirigeants commencent à encadrer la production agricole par l'adoption d'un système unifié d'achat et de vente des céréales, qui constitue le ferment d'un premier marché national autorisant l'allocation de grains aux paysans les plus pauvres ainsi qu'une spécialisation régionale. Ils entendent ensuite développer des coopératives de production. Le morcellement des superficies cultivées issu de la réforme agraire n'est, en effet, pas sans inconvénient pour l'État. Outre une tendance forte à l'autoconsommation, les paysans lui livrent avec difficulté des denrées dont il fixe unilatéralement les volumes et les prix. L'industrialisation forcée exige en outre des fonds que l'État chinois, comme hier son prédécesseur soviétique, ne peut trouver que dans une politique inégale des prix entre produits industriels et production agricole.

LE VOLONTARISME MAOÏSTE

❑ ***Une accélération de la collectivisation agricole*** est décidée sous l'impulsion de Mao Zedong en octobre 1955. Celle-ci se traduit par une généralisation des coopératives de production – 90 % du monde rural fin 1956 –, dans lesquelles les rétributions des paysans se font en fonction de leur travail et de leur apport en terres et matériel, puis bientôt en rapport avec leur seul travail : ils ne gardent qu'un lopin de terre.

En 1958, la collectivisation des terres s'achève par la mise en place des communes populaires. La première de ces communes populaires, nommée Weixing (Spoutnik), est créée dans la province du Henan en avril, et leur système est institutionnalisé en août. Elles ont été l'instrument d'excellence du Grand Bond en avant, lancé en mai 1958 et abandonné de fait en 1961, mais elles-mêmes ne disparaissent officiellement qu'en 1984.

❑ ***Le Grand Bond en avant***, d'inspiration maoïste, qui se substitue au projet d'un deuxième plan quinquennal jamais appliqué, s'appuie ainsi sur la constitution de communes populaires, très vastes unités politiques, administratives et sociales, qui remplacent les cantons comme échelon territorial de base, et réunissent en moyenne 2000 foyers mais peuvent atteindre jusqu'à 10000, voire 20000 foyers. Ces communes populaires deviennent des entités économiques autonomes aux activités multiples : agriculture principalement, mais aussi industrie, commerce, éducation et entraînement militaire. Elles traduisent surtout une bureaucratisation de fait du monde rural, où les cadres locaux, administratifs et politiques, obtiennent tout pouvoir sur les populations qu'ils encadrent : les terres sont des biens collectifs, les orientations productives et les calendriers de travail sont fixés par la collectivité, la vie privée est elle-même réduite par les structures collectives mises en place (cantines, crèches, maisons de retraite, loisirs communautaires...) et par la pression sociale qui en découle.

❑ ***Les objectifs.*** À partir de cette trame territoriale et sociale, la Chine se fixe comme objectif de faire un « grand bond en avant » quantitatif et qualitatif, qui lui permettra en dix ans de « dépasser la Grande-Bretagne ». Pour ce faire, l'idéologie maoïste mobilise la main-d'œuvre chinoise avec une exigence sans précédent. Les travailleurs sont le capital premier dont dispose le pays, et les masses sont seules à même de faire une révolution radicale. Cette mobilisation volontariste s'est traduite par des temps de travail et une pénibilité des tâches poussés aux limites du supportable.

Les objectifs rompent aussi avec les principes soviétiques qui ont animé le premier plan quinquennal. Les rapports entre la ville et la campagne se renversent. Le développement industriel ne doit plus se concentrer dans des pôles urbains coupés de leur environnement régional. Les dirigeants décident au contraire de disséminer les unités de production industrielle sur tout le territoire : de hauts fourneaux sont construits dans chaque commune populaire. Au centralisme économique de la première époque, le maoïsme préfère une décentralisation administrative et une autarcie économique locale centrées sur les campagnes. Les micro-unités industrielles se multiplient ainsi dont, malgré leur aura idéologique, l'efficacité s'est révélée à terme très limitée.

❑ ***Les grands travaux.*** Le Grand Bond en avant est aussi le temps des grands travaux collectifs. Quatre-vingt-dix millions de paysans sont engagés, à l'automne 1958, dans des travaux d'infrastructures. Ceux-ci sont, pour l'essentiel, hydrauliques : remise en état d'équipements, construction de canaux et de barrages, extension des périmètres irrigués. Ils concernent notamment le fleuve Jaune, les fleuves Hai et Huai. Les terres irriguées passent de 320 à 520 millions de mu* (un mu correspondant à 1/15e d'hectare). Les travaux entrepris concernent également une intensification des cultures (introduction d'engrais, sélection des semences, semis serrés, labours profonds), une large politique de reboisement, la très spectaculaire lutte contre les insectes ; enfin, la construction de ponts et de routes sur l'initiative des responsables locaux, et l'extension et l'aménagement de nouveaux espaces urbains.

❑ ***L'élargissement administratif des grandes villes et leurs nouveaux pôles industriels.*** Les compétences administratives de toutes les grandes villes sont élargies à leurs districts environnants, industriels ou ruraux, formant dès lors des entités économiques qui doivent s'autosuffire. Ainsi, à Shanghai, les autorités rattachent aux arrondissements urbains de la ville-centre des districts périphériques : Jiading et Baoshan en janvier 1958 ; création du district de Pudong en octobre de la même année ; Chuansha, Nanhui, Fengjian, Jinshan, Songjiang, Qingpu et l'île de Chongming en décembre. Les arrondissements urbains de Canton se voient adjoints deux districts ruraux en 1960, Conghua et Huaxian, un troisième l'année suivante, Fogang, et quatre autres en 1975, Longmen, Panyu, Xinfeng et Zengcheng. Même si leurs limites ont ultérieurement donné lieu à des redécoupages, ces nouveaux territoires municipaux ont gardé jusqu'à aujourd'hui l'association arrondissements urbains/districts industriels ou ruraux.

Une politique de pôles industriels et urbains créés dans les nouvelles périphéries de ces villes est enfin mise sur pied pour les plus grandes métropoles, afin de constituer des complexes industriels spécialisés et de décongestionner le centre-ville. Les aménageurs shanghaiens dotent leur ville, outre le complexe sidérurgique de Baoshan, de douze pôles à vocation industrielle : cinq secteurs industriels dans l'orbite de la ville-centre, Taopu, Wujiaochang, Gaoqiao, Changjiao et Caohejing ; et les sept villes-satellites retenues en décembre 1958, Anting (mécanique et automobile), Jiading (instruments de précision), Wusong (produits ferreux et non ferreux), Minhang (biens d'équipement et technologies de pointe), Wujing (chimie), Songjiang (industrie légère et machines-outils) et Jinshanwei (pétrochimie).

❑ ***Le bilan.*** Au total, on sait par quels désastres s'est soldé le volontarisme productiviste du Grand Bond en avant : entre 18 et 23 millions de paysans meurent de faim entre 1959 et 1961 en raison d'une désorganisation des structures rurales, d'une trop grande mobilisation extra-agricole, de conditions climatiques et de récoltes catastrophiques ; la fuite de millions de paysans vers les villes, dont ils sont brutalement renvoyés à partir de novembre 1960 ; une chute d'un quart de la production agricole, qui ne retrouve son niveau de 1958 que sept ans plus tard ; à plus long terme, de graves dégâts écologiques, des travaux hydrauliques mal conçus, un épuisement des sols dû à une intensification excessive des cultures, des structures collectives oppressantes, et une industrie rurale disséminée, au niveau technologique extrêmement bas et à la spécialisation quasi nulle.

Pour autant, le Grand Bond en avant marque une étape décisive dans la réorganisation de l'espace chinois : sans remettre véritablement en question les choix industriels des premières années (l'industrie lourde reste prioritaire), il a fermé le cycle d'une installation du régime communiste dans les années 1950, en s'attaquant aux marges qui, jusque-là, n'avaient été que partiellement touchées : collectivisation des campagnes, redécoupage des espaces tant ruraux qu'urbains, nouvel accent mis sur l'agriculture et l'industrie légère.

Dans la fièvre idéologique du maoïsme, la mise en place des structures spatiales de la Chine socialiste était achevée pour plus de vingt ans.

ENTRE PRAGMATISME ÉCONOMIQUE ET ACTIVISME POLITIQUE

Bien qu'elles comptent en leur sein les excès de la Révolution culturelle, les deux décennies qui suivent n'enregistrent pas, en effet, de profondes modifications de l'espace économique et social chinois. Il s'agit plutôt de réajustements après le radicalisme maoïste de la fin des années 1950. Dès novembre 1960, officialisée en janvier 1961, une politique de libéralisation économique est lancée en vue de rétablir la production agricole et industrielle.

❑ ***Une libéralisation économique partielle.*** Une priorité absolue est donnée à l'agriculture : les lopins de terre privés sont rétablis, les activités secondaires autorisées, les marchés libres rouverts. Le système collectif est assoupli avec une responsabilité productive laissée aux équipes (soit quelques dizaines de foyers), et la propriété des moyens de production aux brigades (soit les villages). La taille des communes populaires est réduite, et leur nombre passe de 24 000 en 1960 à 75 000 en 1962. Les investissements du Centre favorisent dorénavant les provinces agricoles les plus importantes, comme le Guangdong ou le Sichuan, où une politique de modernisation des infrastructures rurales est activement menée.

Les entreprises industrielles voient, elles, le retour des gestionnaires. Les secteurs en lien avec l'agriculture (machines agricoles, engrais chimiques) et les industries légères (textile) sont favorisés.

Face aux pragmatistes, dont les chefs de file sont désormais Liu Shaoqi et Deng Xiaoping, appuyés par Zhou Enlai et Chen Yun, les radicaux, sous l'impulsion de Mao Zedong, manifestent leur opposition à une politique de réajustement économique et célèbrent dès septembre 1964, puis à nouveau au printemps 1970, le modèle de la brigade de Dazhai (Shanxi), dont les paysans ont renoncé à leurs lopins de terre, choisi une rétribution en fonction non du travail réalisé mais de l'activisme politique, et entrepris de grands travaux collectifs.

Mais les campagnes échappent à une nouvelle et profonde mobilisation lors de la Révolution culturelle. Les paysans délaissent, en pratique, les structures collectives au profit des lopins de terre privés. Dans les villes, les événements tragiques de 1966-1968 et l'envoi des « jeunes instruits » dans les campagnes ont laissé plus de cicatrices humaines que les bouleversements voulus de conséquences économiques et spatiales à long terme.

❑ ***L'affaiblissement du rôle de l'État central.*** Surtout, le Centre n'a plus été en mesure de rétablir un véritable contrôle du territoire et de la population à partir du Grand Bond en avant. *A fortiori* dans une Chine au bord du chaos, et de la guerre civile entre 1966 et 1976, les autorités provinciales et locales, relayées voire remplacées au plus fort des troubles par les chefs d'armées régionaux, ont retrouvé des marges de liberté que renforçaient les factions politiques et les réseaux personnels.

C'est ainsi que Zhao Ziyang, nommé premier secrétaire du comité provincial du PCC et commissaire politique de la région militaire de Chengdu, a pu mener une politique de réformes dans la province du Sichuan dès décembre 1975. Les mesures qu'il prend alors préfigurent clairement les réformes à venir : élargissement des lopins de terre privés, encouragement des activités secondaires, multiplication des marchés ruraux ; autonomie financière des entreprises, augmentation des primes et constitution d'entreprises combinant agriculture, industrie et commerce.

À une échelle plus locale, les premières décollectivisations se font dans la province du Guangdong avant même l'aval du Centre, contraint de les approuver *a posteriori*.

En fait, le mouvement de décentralisation qui est la pierre d'angle des réformes à partir de 1978 traduit dans les textes moins un retrait d'une planification qui n'était plus appliquée qu'imparfaitement depuis le Grand Bond en avant, qu'une possibilité légale – et progressive – laissée à d'autres formes de développement économique et de gestion administrative de voir le jour.

La mort de Zhou Enlai en janvier et celle de Mao Zedong en septembre 1976, suivies de la chute de la bande des Quatre (Jiang Qing, Zhang Chunqiao, Yao Wenyuan et Wang Hongwen) en octobre, précipitent le désir d'une nouvelle politique économique. L'intermède que représente la présidence de Hua Guofeng, prônant un plan classique de grands travaux sur le modèle du Grand Bond en avant, ne résiste pas à la nécessité de trouver de nouvelles solutions au non-développement du pays. Déjà chargé par Zhou Enlai en janvier 1975 de la mise en œuvre du premier programme des quatre modernisations (l'agriculture, l'industrie, les domaines scientifiques et techniques, la défense), Deng Xiaoping revient définitivement sur la scène politique en juillet-août 1977 et il entame une politique de réformes à partir de décembre 1978, entouré de ses partisans (Chen Yun, Hu Yaobang, Zhao Ziyang).

DOCUMENTS

■ L'homme socialiste nouveau

Le souci de créer un homme socialiste nouveau est primordial dans la Chine d'aujourd'hui. Dans son analyse des bases de la planification socialiste en Chine, Jacques Charrière souligne que « l'unité de production socialiste a une vocation extra-économique fondamentale : celle de devenir le groupe social élémentaire de la nouvelle société », ce qui ne s'applique pas moins à la commune qu'à l'usine. Cette conception est fondée sur la conviction que le développement optimal de chacun ne peut être assuré ni dans le cadre de l'individualisme « libéral » ni dans celui de la seule famille, mais doit être recherché dans une organisation plus vaste, constituée par l'unité économique où travaillent les individus ou les familles. Au sein d'une telle unité économique, qui prend aussi en charge l'ensemble des services matériels et sociaux que réclame une communauté saine et développée, bien des problèmes et des conflits caractéristiques de l'ancienne société disparaissent ou peuvent être résolus : conflit entre le travail et le capital, discriminations fondées sur le sexe, différenciation entre le travail intellectuel et le travail manuel ou entre les tâches d'exécution et les tâches de contrôle, et surtout compartimentage entre les activités de production et les activités de développement social au sens le plus large. Les Occidentaux, conditionnés par une société excessivement individualiste, peuvent ne pas accepter une telle conception de la vie, mais ne doivent pas l'ignorer s'ils souhaitent comprendre vraiment ce que s'efforcent de réaliser les Chinois.

Keith Buchanan, *L'espace chinois - ses transformations des origines à Mao Zedong*, Paris, Armand Colin, 1970, traduction française 1973, p. 139.

■ Mao et la Révolution culturelle

Thermidor et 93 ensemble : voilà Mao, tel qu'en lui-même… Non point despote usé, tyran dénaturé, mais tout d'un bloc, d'une seule venue dans ses contradictions. La Révolution culturelle ne fait qu'en varier les thèmes. Elle allume sous l'ordre établi une poudrière de rancœurs et de frustrations en mettant l'accent sur l'héritage rebelle du début du siècle : sens de l'épreuve héroïque personnelle, confrontation violente avec l'autorité, lutte des classes ramenées à l'affrontement bipolaire du prolétariat et d'une bourgeoisie qui n'est pas une « nouvelle classe » analysée socialement – une classe au pouvoir –, mais le pouvoir. C'est pourtant une crise sociale qu'exploite Mao. Même s'il n'écrit pas sur une page blanche, comme il s'en vantait à l'époque du Bond – paysans et cadres, après les intellectuels, ont perdu leur disponibilité –, il mobilise, outre les jeunes, les laissés-pour-compte d'une mutation sociale qui a fini par connaître à son tour la sclérose du système politique. La polarisation des factions, au début des années 1960, coïncide avec le ralentissement de la mobilité liée à l'instauration du socialisme : villes fermées, industrie peu productrice d'emplois qualifiés, carrières figées – les nantis accaparent les promotions scolaires, professionnelles, administratives et politiques. En accentuant dans l'après-Bond un tassement et des tensions aussi incurables qu'inévitables – l'échec du Bond était là pour le prouver –, les pragmatistes ont donné à Mao l'occasion d'entraîner une partie non négligeable de la société urbaine dans un authentique mouvement social : une révolution dans le socialisme.

Yves Chevrier, *Mao et la révolution chinoise*, Paris, Casterman/Giunti, 1993, pp. 141-142.

5

Des réformes à l'« économie socialiste de marché »

À partir de 1978, les dirigeants chinois, sous l'égide de Deng Xiaoping, lancent une politique de réformes économiques et d'ouverture à l'étranger.

Ces réformes comprennent une décentralisation des pouvoirs de décision en matières économique et financière, une restructuration et un élargissement des ressources fiscales, l'émergence d'une économie de marché, la décollectivisation des terres agricoles et une nouvelle politique centrée sur les villes.

Malgré la victoire d'un courant de pragmatistes clairement identifiés depuis le Grand Bond en avant, et à la différence de l'installation du régime dans les cadres du modèle soviétique durant les années 1950, la période dite des « réformes » n'est pas fondée sur un modèle économique et social rigoureusement préétabli. Elle est bien plus commandée par un simple – mais décisif – credo : la nécessité de libérer les forces productives internes et d'ouvrir l'économie chinoise sur le monde extérieur.

❑ ***Le constant réajustement des réformes.*** Les politiques menées à partir de 1978 parent surtout à l'urgence : elles adaptent le plus souvent le système hérité à des objectifs prévus à court ou moyen terme ; ou bien elles essayent des modèles de développement importés pour la circonstance – que les dirigeants confortent ou annulent au gré des résultats. La stratégie de développement denguiste se traduit par avancées et reculs incessants. Une réforme radicale peut aussi être prolongée par des réajustements ponctuels ou locaux qui diluent *de facto* ses effets négatifs, voire annulent son efficacité : il en a été ainsi de la politique des naissances dans les campagnes, ou de la réforme des entreprises d'État.

Les réformistes procèdent enfin par vagues de réformes successives qui concernent tel secteur économique puis tel autre, telle couche de la société puis telle autre. Mais ils ont eu pour règle d'or d'éviter d'ébranler directement les piliers sociaux du régime : la très délicate réforme des entreprises d'État n'a été lancée que dans les années 1990, et elle a été partiellement suspendue devant les réactions des populations urbaines concernées et lors de la crise asiatique de 1998. Au total, les mécontentements les plus voyants de la population urbaine, comme les manifestations étudiantes de 1986 et les événements tragiques de 1989, ont le plus souvent amené les dirigeants chinois à faire machine arrière, voire à conduire une politique inverse – prenant alors appui sur de nouveaux équilibres au sein du Parti.

L'ambiguïté d'une telle démarche politique, confrontée aux obligations d'une réalisation précise des orientations choisies, ne pouvait ainsi coûter à ses promoteurs que des oppositions internes, qui, moins vives aujourd'hui que dans les années 1980, restent toutefois prégnantes dans la vie politique chinoise actuelle.

Dès la fin des années 1970, deux mouvances politiques sont apparues.

❑ ***« La cage et l'oiseau ».*** Chen Yun a défendu jusqu'à sa mort, en 1995, une conception restrictive de la réforme, restée célèbre sous l'image de « la cage et de l'oiseau ». Pour lui, l'État devait conduire une économie centralisée, hiérarchisée et différenciée, et contrôler 80 % de la production totale. Chen Yun s'est vivement opposé à la décentralisation et à l'activisme prônés par Mao Zedong lors du Grand Bond en avant. Pour autant, le plan est une « cage » qui doit laisser évoluer en son sein l'« oiseau », un marché constitué de petites entreprises : Chen Yun avait déconseillé en 1955 la nationalisation des industries de transformation et des services. L'« oiseau » s'envole, si l'on ouvre la main; mais il étouffe et meurt, si on le serre de trop. Dans les pas de Chen Yun, ceux qui ont tôt fait figure de « conservateurs », au nombre desquels appartient Li Peng, sont ainsi les promoteurs d'un maintien du rôle dirigeant du plan tout en lui intégrant l'indispensable souplesse et le dynamisme des entreprises locales, et plus largement du marché non dirigé.

❑ ***« L'économie socialiste de marché ».*** À l'opposé, des réformateurs plus radicaux se sont succédé à la tête de l'État chinois pour défendre une transformation définitive de l'héritage socialiste et marcher vers ce qu'en 1992, le XIVe Congrès a finalement nommé l'« économie socialiste de marché ». Hu Yaobang, Zhao Ziyang et Zhu Rongji s'inscrivent dans cette mouvance, avec chacun ses variantes spécifiques. À la mort du premier, en avril 1989, les manifestations étudiantes, suivies par une large partie des populations urbaines, ont abouti au massacre de Tian'anmen, et dans le même temps au limogeage de Zhao Ziyang accusé par ses pairs « conservateurs » d'instaurer une économie de marché et d'ouvrir la voie à la corruption. Les réformes piétinent ensuite, mais la politique d'austérité qui veut répondre aux événements échoue également. Il faut attendre le voyage symbolique de Deng Xiaoping dans le Sud (Wuhan, Shenzhen, Zhuhai et Shanghai), en janvier-février 1992, pour relancer les réformes – sans que Zhao Ziyang soit pour autant rappelé.

❑ ***« Réformer et ouvrir » la Chine.*** Mêlée d'un patriotisme absolu, la conviction de Deng Xiaoping qu'il fallait « réformer et ouvrir » (*gaige kaifang*) la Chine a été déterminante dans la période contemporaine. Pour l'imposer, Deng Xiaoping, qui refusait un culte de la personnalité à l'égal de celui de Mao Zedong, a démontré des qualités de stratège politique remarquables, et la ligne qu'il avait réaffirmée en 1992 n'a pu être remise en question avant sa mort. En cela, le système politique chinois témoigne d'une évidente constance : le rôle clé, pour le maintien d'une ligne officielle de l'État, des leaders politiques dont la longévité – dans un cadre culturel resté confucéen d'obéissance inconditionnelle aux plus âgés – est un facteur de statu quo entre les différentes factions au sein du pouvoir central. À la fin de sa vie, Mao Zedong avait, lui également, été un facteur d'immobilisme politique. C'est lors de la période de transition qui suit la mort de ces hauts dirigeants que le régime est fragilisé – d'où la subtile politique d'équilibre menée depuis quelques années par Jiang Zemin.

Au total, nous le voyons, les réformes depuis 1978 ne peuvent être prises comme un bloc, et elles ne doivent surtout pas être opposées aux politiques des trente premières années du régime. Jamais, quelle que soit leur conception des réformes, les dirigeants n'ont voulu faire table rase du système socialiste hérité. Il s'est agi de réajustements économiques et sociaux, dont a été exclue toute modernisation strictement politique (la démocratie réclamée par Wei Jingsheng comme la « cinquième » modernisation de la Chine).

LA DÉCENTRALISATION ÉCONOMIQUE

Parmi les réformes lancées par Deng Xiaoping, la principale tient certainement dans une décentralisation des pouvoirs de décision en matière économique. Cette décentralisation fut progressive et elle a inégalement touché les provinces chinoises. Celles qui étaient à même de s'intégrer au système économique mondial sans entamer les équilibres géopolitiques au sein du Continent, et qui ont accueilli les zones franches créées par les autorités centrales, ont été les premières concernées.

❑ ***La province du Guangdong, « un pas devant toutes les autres ».*** En la matière, en périphérie sud du Continent, loin de Pékin et isolée – topographiquement voire humainement – des autres provinces chinoises, notamment de celles de la basse vallée du Yangtsé, profitant surtout d'un atout majeur avec la proximité géographique et culturelle de Hong Kong, la province du Guangdong a occupé une place de choix au début des années 1980. Les autorités centrales furent ici moins un acteur décisif qu'elles ne laissèrent une autonomie de fait, en matières économiques, à la province. Certes, le Centre approuva la création des trois Zones économiques spéciales situées au Guangdong, des villes ouvertes de Canton et Zhanjiang en 1984, de la Zone économique ouverte du delta de la rivière des Perles en 1985, des trois Zones de haute technologie de Canton, Zhongshan et Shenzhen en 1991, et de la Zone économique du delta de la rivière des Perles en 1994 ; mais ces actions donnaient plus les cadres logistiques d'une politique de réformes qu'elles n'en fondaient l'existence pratique. Conformément à la politique d'ouverture, Pékin donna en fait au Guangdong les moyens d'une mise en pratique effective des réformes économiques.

En dehors du champ politique, où la capitale nationale ne fit jamais aucune concession aux autorités provinciales, le Guangdong a largement profité de la politique de décentralisation, et cette nouvelle marge de manœuvre a existé dans les domaines productif, financier et commercial.

❑ ***L'ouverture aux capitaux étrangers.*** Progressivement étendue à l'ensemble du territoire chinois, la décentralisation se traduit surtout par une liberté laissée aux autorités locales de recueillir des investissements étrangers et de conclure des contrats en matière de production ou de transfert de technologies sans l'obligation d'un accord préalable des autorités centrales (jusqu'à un certain seuil financier, il est vrai continuellement relevé, et en dehors des productions considérées comme stratégiques). Ce fut le point de départ pour la création de *joint-ventures* sino-étrangères, qu'elles soient sur des financements à parts égales ou coopératives, et pour des délocalisations d'unités de production étrangères vers la Chine. Les autorités locales ont pu également créer leurs propres entreprises d'import-export, sans plus passer désormais par les sociétés nationales d'import-export du ministère du Commerce extérieur.

❑ ***La décentralisation financière.*** Après avoir séparé la Banque centrale des banques qui en dépendent (Banque agricole, Banque industrielle et commerciale, Banque de Chine) en 1984, et avoir élargi les compétences de ces dernières, l'État a accordé aux autorités locales le droit de fonder des banques locales ou des sociétés de crédits à même d'investir sur leurs fonds propres en accordant des prêts aux entreprises.

La province du Guangdong crée la GITIC (Guangdong International Trust and Investment Corporation) à la fin de 1980, destinée à financer son programme provincial d'investissements. Celle-ci part d'un capital haut de deux cents millions de yuans[1], auxquels viennent ensuite s'ajouter des fonds versés continûment par la province. L'État chinois et la municipalité de Shanghai fondent aussi, sous forme de société par actions, la Banque des communications, en 1986. La CITIC (China International Trade and Investment Company) a été créée, quant à elle, en 1979. Au travers de la filiale qu'elle fonde en 1985, cette société dépendant directement du gouvernement central de la République populaire joue un rôle actif dans l'économie de Hong Kong (immobilier, nombreux co-investissements avec des capitalistes locaux, larges participations dans la compagnie aérienne Cathay Pacific...). Les bourses de Shenzhen et de Shanghai ont ouvert respectivement en 1988 et 1990. Parallèlement, se sont multipliées, surtout ces dernières années, des coopératives de crédit rurales et urbaines.

❑ ***Les limites.*** Une telle décentralisation financière n'est d'ailleurs pas sans ambiguïté. Le Centre n'encourage pas la multiplication des sociétés de crédit chinoises, auxquelles viennent s'ajouter un certain nombre de banques étran-

1. Un yuan équivaut à environ 0,75 franc.

gères, et il entend surtout rompre depuis 1995 les liens étroits qui existent entre les instances administratives du Centre comme des gouvernements locaux et les organismes financiers qui en dépendent. Cette confusion amène en effet à l'attribution de prêts à des taux préférentiels voire à taux zéro, sous l'incitation des pouvoirs administratifs, en faveur de leurs propres entreprises, au mépris de la rentabilité de ces prêts et souvent même de la possibilité d'un remboursement de la dette contractée.

Avec en sus une fièvre inconsidérée d'investissements dans des secteurs économiques en pleine croissance comme l'immobilier, ces dérives ont ainsi amené des sociétés de crédit locales à s'engager très au-delà de leurs capacités. Des banqueroutes ont eu lieu ces dernières années. La GITIC est la première société émettrice d'obligations à l'étranger qui a été mise en défaut de paiement international et a dû fermer ses portes le 6 octobre 1998, avant que la Banque centrale de Chine ne s'engage à honorer ses dettes pour empêcher la faillite des autres sociétés qui avaient investi dans la GITIC, et surtout essayer d'endiguer la chute de confiance des investisseurs étrangers.

LES RÉFORMES FISCALES

Une politique fiscale a également concerné les entreprises, auxquelles était laissée une partie de leurs profits – intégralement reversés jusque-là dans le budget de l'État – et dont, une fois acquitté l'impôt sur un montant de bénéfices initialement prévu, les taux d'imposition étaient moindres pour les profits supplémentaires. La plupart de ces entreprises appartenant à des autorités locales ou à des administrations de tutelle, ces revenus vinrent ainsi augmenter les ressources locales et permirent notamment aux provinces dont le développement était le plus rapide de s'aménager une marge d'autonomie – et de marchandage possible – avec le Centre pour le calcul de leur contribution au budget de l'État.

❑ ***Le privilège fiscal du Guangdong.*** Là encore, la province du Guangdong eut longtemps une place privilégiée.

Alors que la municipalité de Shanghai versait un lourd pourcentage de ses recettes au Centre jusqu'au début des années 1990, le Guangdong a bénéficié d'un partage forfaitaire de ses ressources fiscales dès 1979. Pékin gardait alors les revenus venant des douanes et des entreprises d'État. Par contre, tous les autres impôts pouvaient revenir au Guangdong sous la condition de la remise annuelle d'une somme fixe de 1,2 milliard de yuans – somme réduite à un milliard l'année suivante. Même si, devant l'inégalité de traitement faite aux autres provinces chinoises, le Guangdong dut ensuite accepter l'augmentation annuelle d'une somme décidée au départ – 1,4 milliard de yuans, le montant des contributions cantonaises en 1987 – suivant un taux invariable de 9 %, celui-ci restait encore très largement en dessous du véritable taux de croissance de l'économie et, par là, des revenus provinciaux. Parallèlement, en 1981, la province était devenue libre d'adapter à ses besoins les impôts locaux et les réductions fiscales qu'elle désirait accorder. En 1988, il lui fut même accordé de lever de nouveaux impôts locaux, au taux qu'elle désirait.

Grâce à d'âpres marchandages entre le Guangdong et le gouvernement central, la province put ainsi se garantir un budget volumineux qu'il lui appartenait d'élargir à volonté en développant ses secteurs productif et commercial.

❑ ***La réforme fiscale de 1994.*** À l'échelle nationale, une réforme fiscale plus ambitieuse a enfin été mise en place à partir de 1994. Celle-ci entendait répondre à plusieurs objectifs : endiguer la diminution des ressources de l'État, en augmentant les revenus fiscaux ; retirer aux gouvernements locaux le rôle de collecteurs fiscaux exclusifs et donc d'intermédiaires entre le Centre et les sommes perçues ; créer une nouvelle autorité fiscale relevant du Centre et mettre en place un système efficace qui redistribuerait équitablement les revenus aux différents niveaux de gouvernements ; imposer uniformément non plus seulement les entreprises d'État mais aussi les entreprises privées, les entreprises collectives et les revenus issus du commerce extérieur, jusque-là faiblement taxés. De nouveaux impôts sont créés : un impôt uniforme de 33 % sur les profits des entreprises, quel que soit leur statut de propriété ; une TVA dont le taux est de 17 % et touche la plupart des biens manufacturés ; un impôt à la consommation concernant l'alcool, les cigarettes et certains produits de luxe ; enfin, un impôt sur le revenu individuel.

Un nouveau partage entre le Centre et les gouvernements locaux exige surtout une collecte et une affectation différenciées des revenus fiscaux : les droits de douane, la plupart des impôts perçus sur les secteurs de l'économie contrôlés par l'État et l'impôt à la consommation reviennent désormais au Centre ; les impôts directs sur les revenus des entreprises locales et d'autres taxes mineures (immobilier, pollution, ressources…) aux provinces. La TVA est, elle, collectée par le Centre, qui en garde les trois quarts et en redistribue le dernier quart aux gouvernements provinciaux.

La réforme fiscale de 1994 semble avoir eu pour résultat plus la stabilisation de la – très faible – part des ressources de l'État dans le PIB chinois que leur augmentation réelle : cette part passe en effet de 31 à 13 % entre 1978 et 1993 mais stagne toujours à 12 % en 1997.

❑ ***L'autonomie financière des gouvernements locaux.*** Quant à la redistribution des ressources entre le Centre et les autorités locales, les réformes denguistes ont de fait eu pour cadre une autonomisation financière des gouvernements locaux, de l'échelon provincial à celui du bourg et du village, qui profite aux plus entreprenants et par là autorise l'accentuation de disparités régionales que les trente premières années du régime avaient tenté – sans vrai succès – de réduire. Même après 1994, alors qu'au sein des ressources fiscales de l'État, une redistribution se faisait au profit du Centre, dont la part passe de

22 à 56 % entre 1993 et 1994, puis 49 % en 1997 – contre 51 % aux gouvernements locaux –, on voit combien ceux-ci conservent un volant considérable des revenus fiscaux totaux. En 1997, pour un PIB estimé à 7 477 milliards de yuans, le budget de l'État chinois équivalait à 865 milliards, dont 423 revenaient au Centre et plus de 442 aux gouvernements locaux.

Il est aisé d'imaginer les implications politiques et régionales d'une telle évolution fiscale dans un pays aussi vaste et aux particularismes locaux aussi marqués. Cette situation illustre à merveille les difficultés que rencontre le gouvernement central chinois pour construire un État moderne dégagé des factions institutionnelles ou localistes, des difficultés rencontrées – il est vrai – par tous les régimes qui se sont succédé en Chine depuis un siècle.

VERS UNE ÉCONOMIE DE MARCHÉ

La décentralisation économique et les réformes fiscales s'accompagnent dans le même temps d'une libéralisation des prix et de la mise en place progressive de structures de commercialisation hors des cadres étatiques.

❑ ***La coexistence du plan et du marché.*** En 1984, les dirigeants chinois autorisent la coexistence du plan et du marché, et ils officialisent en janvier de l'année suivante un double système de prix, composé de prix fixés par l'État et de prix négociés devant répondre aux lois de la concurrence, et de l'offre et de la demande. Le plan n'est plus impératif que pour une dizaine de produits agricoles et une soixantaine de produits industriels contre respectivement 29 et 120 auparavant.

Dans les faits, cette réforme profite en premier aux productions agricoles. Les quotas de vente obligatoire à l'État sont supprimés, sauf pour certains produits comme les céréales et le coton. Le nombre des marchés libres ruraux, autorisés dès 1978, est déjà de 53 000 en 1985, pour atteindre 59 000 en 1990 et 65 000 en 1997.

La réforme encourage également une industrie de biens de consommation, dont le régime a pendant longtemps privé les populations en donnant une préférence systématique aux biens intermédiaires. Ces industries bénéficient désormais d'une société de consommation dont les revenus, malgré de fortes disparités sociales et spatiales, augmentent sensiblement. L'industrie légère a connu dans cette période un essor sans précédent, s'appuyant pour une large part sur le dynamisme des entreprises collectives.

En 1990, 40 % des ventes de produits agricoles, 40 % de celles des biens de production et 46 % de celles des biens de consommation se faisaient sur la base de prix libres. Mais, là encore, toutes les provinces n'étaient pas au même régime et la province du Guangdong était à nouveau un « pas devant toutes les autres » : les chiffres respectifs du Guangdong étaient de 65, 82 et 77 %.

Les années 1990 devaient voir ensuite une multiplication des marchés libres urbains en Chine, dont le nombre était de 13 000 en 1990 (soit un marché urbain pour cinq marchés ruraux) puis de 22 000 en 1997 (soit un marché urbain pour moins de trois marchés ruraux).

Cependant, si le double système de prix a permis l'émergence d'une commercialisation des marchandises dégagée des structures étatiques – des allocations des ressources sous les directives des administrations aux magasins d'État locaux –, il gardait les inconvénients de l'ancien régime des prix. Les « prix à double rail » ont créé de fortes distorsions entre les acteurs économiques suivant leur statut, les collectivités locales dont ils dépendaient et – bien évidemment – les réseaux interpersonnels qu'ils avaient à disposition. Dans le domaine notamment des matières premières et des biens intermédiaires, les entreprises d'État pouvaient ainsi s'approvisionner et vendre à des prix garantis, ayant ensuite liberté de commercialiser leurs produits qui excédaient les objectifs du plan sur un marché libre, alors que les entreprises collectives et individuelles suivaient intégralement le circuit marchand.

Ce système n'est abandonné pour certaines matières premières qu'en 1990, et l'État ne réglemente plus aujourd'hui les prix que d'une quarantaine de produits (céréales, pétrole, tabac…).

❑ ***L'émergence d'un véritable marché du travail.*** Parallèlement, les autorités ont entrepris de libérer un véritable marché du travail des contraintes administratives des unités de travail. Dans l'ancien système, les emplois pouvaient être affectés grâce au remplacement du père par le fils sur un même poste, ou plus généralement suivant le principe d'appartenance à une entreprise publique qui décide du salaire, de l'emploi réel – jusqu'à la vie privée, en accordant ou refusant une autorisation de mariage ou de naissance – et de l'éventuel changement d'entreprise ou de localisation géographique. L'entreprise offre aussi la possibilité d'un emploi à vie et des allocations sociales, que l'État ne relaye pas. Les mobilités professionnelles et géographiques étaient ainsi fortement restreintes voire découragées, et ne mettaient que bien peu en valeur les talents.

Avec la libéralisation des principales structures de l'économie chinoise, et l'arrivée d'une jeune génération souvent mieux instruite et formée en fonction des besoins du pays, un marché du travail a été mis en place sous les auspices des autorités locales. En 1986, un système d'emplois contractuels d'une durée allant de trois à cinq ans est institué. Quatre ans plus tard, 13,3 % du personnel des entreprises d'État étaient sous contrat, et plus de la moitié en 1997, soit pas moins de 56 millions de travailleurs. Il est vrai que les directeurs des entreprises publiques, sous le poids de pratiques socialistes mâtinées d'un unitarisme d'inspiration confucéenne, et surtout sous la pression de la main-d'œuvre désireuse de garder une couverture sociale, ont encore tendance à reconduire automatiquement les contrats, et que, sans travail à leur offrir, ils mettent plus volontiers à pied les travailleurs qu'ils ne les débauchent – principal facteur de déguisement du chômage urbain –, mais une tendance lourde est définitivement amorcée.

Dès le début des années 1990, on pouvait voir sur les murs des grandes villes chinoises de larges panneaux d'offres d'emplois, où étaient indiqués la nature du travail, les qualifications requises, le salaire et les avantages offerts.

LA DÉCOLLECTIVISATION

Pour autant, les réformes les plus visibles et les plus précoces concernent sans aucun doute l'agriculture. La décollectivisation des moyens de production et des terres mène vite à une remise en question des structures rurales héritées du Grand Bond en avant, et aboutit au démantèlement total des communes populaires en 1984. Les répercussions en sont déterminantes sur le système productif et l'organisation spatiale du monde rural dès la première moitié des années 1980.

Alors que ces réformes étaient tentées au Sichuan avec Zhao Ziyang ou dans l'Anhui avec Wan Li après 1975, les autorités centrales les officialisent et les généralisent rapidement sous la pression paysanne trois ans plus tard.

❑ ***« Le système de responsabilité ».*** Ces réformes se traduisent tout d'abord par la mise en place d'un « système de responsabilité », où un lot de terres collectives est, au sein de l'équipe de production, redistribué à chaque foyer paysan. Celui-ci ne dispose certes pas de la propriété de la terre, mais de son droit d'usage, garanti au début pendant cinq ans, puis quinze ans, pour être aujourd'hui *de facto* inaliénable. Sur cette terre, le foyer paysan doit livrer une partie forfaitaire, puis simplement maximale à partir de 1985, de sa production à l'État – à des prix fixés par ce dernier. Une fois acquittée cette livraison, il peut vendre ses surplus aux prix du marché et diversifier ses productions.

Les résultats sont foudroyants. Entre 1980 et 1985, la production agricole a augmenté de moitié. Le monopole d'État est aboli en 1982 sur les céréales, puis sur tous les produits agricoles en 1985, même si des quotas de livraison obligatoire – et donc un double système de prix – sont maintenus de fait pour les céréales. Une spécialisation régionale a été largement encouragée par les autorités, qui garantissent des approvisionnements en céréales, et elle accompagne une adaptation des agricultures chinoises les plus dynamiques aux marchés urbains qu'elles desservent.

❑ ***L'exploitation paysanne.*** Avec la fin des communes populaires en 1984, les questions rurales sont désormais traitées à des échelles plus locales, au niveau du canton ou du village, limitant – à défaut toujours de les éviter – les volontarismes et les lourdeurs administratifs des institutions rurales créées par le maoïsme. La réforme agricole a surtout replacé au cœur du dispositif productif l'exploitation paysanne et, en 1984, 95 % des familles paysannes avaient conclu un contrat d'exploitation familiale des terres.

La libéralisation et la hausse des prix agricoles permettent aussi à ces familles paysannes d'augmenter très sensiblement leurs revenus. Au début des années 1980, et notamment dans les régions agricoles littorales en lien avec de très vastes marchés urbains, les paysans font ainsi figure de privilégiés des réformes denguistes, profitant d'une liberté inconnue des villes.

Toutefois, la situation rurale considérée dans sa globalité se dégrade à nouveau avec la seconde moitié des années 1980. La crise céréalière de 1985 est un exemple des limites de la libéralisation : l'État est obligé de soutenir les prix des céréales pour assurer une production suffisante. Surtout, les efforts portés à partir de 1984 par les autorités aux problèmes urbains et industriels ont replacé au second plan le monde agricole, dont la diversification sectorielle et la diversité régionale posent aujourd'hui la question de l'unité, et font des sociétés urbaines les nouvelles cibles du développement chinois.

LE RENOUVEAU URBAIN

Le régime communiste chinois eut, pendant ses trente premières années au pouvoir, une attitude très ambiguë envers les villes.

❑ ***Le discours anti-urbain initial.*** Les plus grandes villes, les métropoles de la côte, étaient tenues pour des produits de l'impérialisme occidental, qui s'étaient comportées vis-à-vis des campagnes en insupportables prédateurs. Suivant la rhétorique officielle, il fallait donc que, de consommatrices, elles deviennent productrices par une politique active d'industrialisation. Pendant toute la période où l'idéologie maoïste fut dominante, de 1956 à 1976, le discours devint encore plus violemment anti-urbain : l'effort d'industrialisation et de développement économique du pays ne devait plus se concentrer dans les villes, fussent-elles à l'intérieur du territoire chinois, mais bien plutôt se diffuser dans les campagnes grâce à une modernisation volontaire des communes populaires, d'où la célèbre dissémination des hauts fourneaux dans les campagnes.

Néanmoins, cette période fut aussi, pour les populations ouvrières, comme un âge d'or social – en dehors des troubles politiques de la Révolution culturelle. La garantie d'un approvisionnement alimentaire à bas prix par les autorités publiques et les avantages sociaux qu'offraient à chacun les entreprises d'État, l'assurance d'un emploi à vie et d'une retraite, en faisaient des espaces privilégiés largement enviés par les ruraux.

Nous l'avons vu : ces derniers ont surtout bénéficié des réformes dans les années 1980, et une tendance longue de trois décennies semblait s'être renversée.

❑ ***Le retournement des dirigeants au profit des villes.*** Pourtant, les réformateurs n'ont pas tardé à réorienter leurs programmes économiques en faveur des villes, cela dès 1984, et à réhabiliter celles-ci pour en faire les pivots centraux d'un développement du pays. Les villes, notamment les plus grandes, devenaient des pôles de croissance susceptibles de diffuser le développement à leur région alentour, et plus largement à l'intérieur du pays. L'image même de la ville était ainsi progressivement transformée : de négative, elle devenait fortement positive, attirant nombre de migrants des campagnes ou des provinces reculées dans l'espoir d'un travail mieux rémunéré voire parfois d'un enrichissement rapide.

Les villes se donnent désormais, dans les années 1990, comme les vitrines du développement de la Chine sous l'efficace férule du gouvernement. Pour preuve de ce retournement, il suffit de voir les panneaux publicitaires vantant la modernisation actuelle de Shanghai – hier honnie pour avoir été tant le nid des capitalistes chinois complices de l'étranger que celui de la bande des Quatre –, et cela aussi bien sur les murs de Shanghai que… de Pékin ou de Hong Kong.

Les premières mesures d'importance sont prises en 1984, avec l'ouverture aux capitaux étrangers de quatorze villes côtières. Des schémas directeurs sont progressivement mis en place afin de moderniser les villes chinoises et d'anticiper sur leur développement. Une politique urbaine se dessine, en fonction de vocations économiques spécifiques et des nouvelles capacités financières des municipalités locales. Les villes sont aussi les lieux d'une démultiplication et d'une diversification des acteurs économiques, allant de la constitution de sociétés par actions aux petits commerces de rue privés. Les campagnes qui s'intègrent rapidement à l'économie de marché et dont les activités relèvent de plus en plus des secteurs secondaires et tertiaires voient enfin émerger, en leur sein même, d'innombrables agglomérations urbaines, qui forment une transition spatiale et économique avec les moyennes et grandes villes régionales.

Pour autant, les autorités chinoises, malgré des projets de restructuration urbaine d'envergure ces toutes dernières années, restent conscientes que les réformes et les investissements publics sont encore insuffisants, si elles veulent faire de leurs villes des métropoles internationales. Les lourdes politiques publiques portent aujourd'hui, pêle-mêle, sur une rénovation et une extension du bâti, la sauvegarde – voire la constitution – d'un patrimoine urbain, l'amélioration des transports internes et externes, la réforme des entreprises d'État, la promotion d'un tertiaire de haut niveau…

On le voit : les réformes denguistes ont ainsi lancé, à l'aube du XXIe siècle, dans les campagnes, puis aujourd'hui surtout dans les villes, un mouvement irréversible de restructurations tous azimuts qui marquera pour longtemps les espaces et les sociétés locales de la Chine. Seules les mutations des années 1920 et 1930 dans les grandes villes portuaires de la côte, ou celles de Hong Kong dans les années 1970 peuvent certainement lui être comparées.

DOCUMENT

■ Le discours de Deng Xiaoping dans le Sud en 1992

Les manifestations étudiantes puis très largement urbaines du printemps 1989 ont abouti aux événements tragiques du 4 juin, où Deng Xiaoping a entériné l'envoi des chars contre la jeunesse pékinoise, et au limogeage du réformiste Zhao Ziyang. Une période d'austérité économique a suivi.

En janvier-février 1992, Deng Xiaoping entreprend un voyage symbolique en Chine de l'Est et du Sud (Wuhan, Shenzhen, Zhuhai et Shanghai) pour relancer sa politique de réformes contre Chen Yun et le clan des « conservateurs ».

Le document présenté ici est la compilation officielle de ses discours, réalisée par les autorités centrales et destinée à la propagande. Dans les termes d'une rhétorique marxiste classique, il retrace l'histoire des réformes et l'esprit qui l'a animé lors de leur lancement puis pendant leur réalisation. L'un de ses soucis majeurs est de réfuter la peur d'une restauration possible du capitalisme. Pour ce faire, il associe l'orientation vers ce que, la même année, le XIVe Congrès a nommé l'« économie socialiste de marché » à la place que doit occuper la Chine dans le monde.

Ce texte, très riche, illustre parfaitement les convictions mais aussi les ambiguïtés de la période des réformes.

Lorsque je suis venu au Guangdong en 1984, les réformes à la campagne avaient été lancées quelques années auparavant, celles destinées aux villes venaient de commencer et les Zones économiques spéciales n'en étaient qu'à leurs premiers pas. Huit ans ont passé et me revoici pour une visite. Je suis surpris de la vitesse à laquelle se développent les Zones économiques spéciales de Shenzhen et Zhuhai, ainsi que quelques autres endroits. Cette visite me rend plus confiant.

La révolution a pour fonction de libérer les forces productives, les réformes ont la même fonction. Le renversement de la domination de classe qu'exerçaient l'impérialisme, le féodalisme et le capitalisme bureaucratique a permis de libérer les forces productives du peuple chinois. C'était cela la révolution : une libération des forces productives. Une fois que furent posées les bases du régime socialiste, il fallut radicalement transformer le système économique qui entravait le développement de telles forces, afin d'édifier une économie socialiste dont la vigoureuse énergie soit à même de stimuler le développement. C'est bien cela la réforme : également une libération des forces productives. Il fut un temps où l'on n'entendait parler que de développement des forces productives dans le cadre du socialisme; en revanche, il n'était jamais fait mention de leur libération au moyen de réformes, ce qui était incomplet. Or l'un ne va pas sans l'autre : libération et développement des forces productives vont de pair.

Persévérer dans les orientations en vigueur depuis le 3e plénum du XIe Comité central consiste à s'en tenir à l'idée d'un « centre unique et de deux points fondamentaux ». Nous nous engagerions dans une impasse si nous ne persistions pas dans le socialisme, la réforme et l'ouverture, le développement économique et l'amélioration du niveau de vie. C'est sur cent ans que ces choix premiers doivent être pensés, pour éviter tout vacillement. Seul le maintien d'une telle ligne vous assurera confiance et adhésion populaires. Qui chercherait à altérer les orientations politiques du 3e plénum se heurterait à un refus de la population et serait écarté. Sur ce point précis, je me suis déjà exprimé à plusieurs reprises. Si les réformes n'avaient pas porté fruit, nous n'aurions pas pu passer le cap du « 4 juin », ce qui aurait abouti à la pagaille et à la guerre civile.

La grande Révolution culturelle n'était autre qu'une guerre civile. Pourquoi notre pays a-t-il pu se montrer aussi stable aux lendemains du « 4 juin » ? Précisément grâce aux réformes qui avaient stimulé le développement économique et permis l'accession à un meilleur niveau de vie. C'est pourquoi l'armée tout comme le pouvoir d'État doivent défendre cette ligne, ce régime, ces orientations politiques. [...]

Lorsque les réformes traînent et que l'on n'ose pas foncer, c'est tout bonnement, quoi qu'on en dise, que l'on a peur de voir augmenter les éléments capitalistes et de s'engager dans cette voie. Ce qui est à craindre, c'est de classer toute chose par la famille, la famille C. (comme capitalisme) ou la famille S. (comme socialisme). Mieux vaut, pour critère de jugement, se demander si ce qui est en cause est bénéfique ou non au développement des forces productives de la société socialiste, si l'État socialiste s'en trouvera globalement renforcé et le niveau de vie élevé. Quant aux Zones économiques spéciales, les avis ont, dès le départ, divergé. On s'inquiétait : s'agissait-il de capitalisme ? Le succès qu'est Shenzhen a fourni une réponse claire à ces interrogations de toutes sortes. Les Zones économiques spéciales appartiennent à la famille socialiste et non à la famille capitaliste, comme on le constate à Shenzhen. La propriété publique y est prépondérante, les investissements étrangers ne sont que d'un quart, mais n'oublions pas que de cette part de capitaux étrangers nous pouvons tirer parti à travers les impôts et la fourniture de main-d'œuvre par exemple ! Alors pour quelques entreprises de plus, nul besoin d'avoir peur, il suffit que nous gardions la tête froide et nous n'aurons rien à craindre. Nous sommes avantagés puisque nous détenons les grandes et les moyennes entreprises publiques, les entreprises rurales, et surtout du fait que le pouvoir politique est entre nos mains. [...] Qu'il y ait un peu plus de planification ou un peu plus de marché ne relève pas d'une différence essentielle entre socialisme et capitalisme. Qui dit économie planifiée ne dit pas automatiquement socialisme, le capitalisme ayant lui aussi recours au plan. Inversement, l'économie de marché ne signifie pas automatiquement capitalisme, car le socialisme a lui aussi un marché. Plan et marché sont l'un comme l'autre des moyens économiques. La nature du socialisme est de libérer les forces productives, de les développer, d'éliminer l'exploitation et la bipolarisation entre riches et pauvres pour accéder au bout du compte à une commune richesse. Alors certes, toutes ces raisons sont à expliquer aux gens. [...]

Le concept de richesse commune peut s'expliciter ainsi : prenons l'exemple d'une région qui, disposant de conditions favorables, connaît un rapide essor économique tandis qu'une autre région se développe moins vite. La région la plus dynamique va entraîner la deuxième pour aboutir un jour ou l'autre à cette commune richesse. Mais supposons que la richesse ne fasse qu'appeler la richesse et que la pauvreté s'appauvrisse encore, de tels déséquilibres engendreraient une bipolarisation que le système socialiste a le devoir, et la capacité, d'éviter. Une des solutions est que la région enrichie la première verse un peu plus d'impôts sur les bénéfices pour soutenir le développement de la région pauvre. Bien sûr, il ne faut pas précipiter les choses. Il n'est à l'heure actuelle pas question d'affaiblir les zones développées en rognant leur énergie, ni de promouvoir la « grande marmite » collective. À quel moment et sur quelles bases conviendra-t-il de se poser le problème ? Ceci reste à étudier. On peut imaginer qu'à la fin du siècle, lorsque le niveau de vie attestera une certaine aisance, le moment sera venu de poser clairement cette question et de la résoudre. En attendant, les régions développées doivent continuer à progresser, tout en apportant un ferme soutien aux régions non développées par le biais de l'impôt et des transferts de technologie. D'ailleurs, ces dernières disposent pour la plupart d'abondantes ressources et leur potentiel de développement est considérable. Globalement, c'est-à-dire au niveau national, il est certain que nous avons les moyens de résoudre progressivement et sans heurt la question que posent les écarts de richesse entre le littoral et l'intérieur du pays.

Qu'il y ait eu dès le départ des avis divergents sur ces réformes, n'a rien en soi d'extraordinaire. Ces divergences ne portaient pas seulement sur les Zones économiques spéciales, mais elles concernaient – et c'était plus grave – la réforme rurale, en particulier les contrats de production par famille et l'abolition des communes populaires. Au début, seul un tiers des provinces s'y est mis, plus des deux tiers l'année suivante. C'est seulement la troisième année que pratiquement l'ensemble a suivi, entendez par là l'ensemble du pays. [...]

La croissance économique est cruciale si l'on veut saisir toutes les chances de progrès. Aujourd'hui, certains pays et régions alentour se développent plus vite que nous. Si nous ne nous développons pas, ou trop lentement, les gens ne manqueront pas de faire des comparaisons embarrassantes. C'est pourquoi on aurait tort de s'interposer là où il y a possibilité de développement. Les endroits qui disposent de conditions favorables doivent s'efforcer d'accélérer le mouvement pour autant que l'on veille à l'efficacité et à la qualité. Mettre en place une économie tournée vers l'extérieur n'a absolument rien d'inquiétant. Par contre, un rythme lent équivaut à un arrêt voire un recul. Ne laissons pas passer les occasions qui se présentent aujourd'hui. [...] Le Guangdong devra gravir quelques échelons afin de rattraper en vingt ans les quatre dragons d'Asie. Les endroits bénéficiant déjà d'un relatif développement, comme le Jiangsu entre autres, devront aller plus vite que la moyenne nationale. Quant à Shanghai, sa croissance pourrait aussi être plus rapide étant donné ses bonnes conditions. La ville dispose d'atouts évidents côté qualification, technologie et gestion, ainsi que d'un large rayonnement. Lorsque je regarde en arrière, un de mes grands regrets est de ne pas avoir ajouté Shanghai à la liste des quatre Zones économiques spéciales créées à l'époque. Si tel avait été le cas, l'état présent des réformes serait bien différent de ce qu'il est dans l'embouchure du Yangtsé, le long de son cours, ou même sur l'ensemble du pays.

L'accélération de la croissance économique dépend du niveau scientifique et technique, de l'éducation. À mon avis, science et technique sont la première force productive. [...] Comme je l'ai déjà dit, les intellectuels font partie de la classe ouvrière. Les scientifiques âgés et ceux d'âge moyen sont très importants, les jeunes scientifiques aussi. Je souhaite que reviennent tous ceux qui sont partis à l'étranger, quel que soit leur passé politique. Ils peuvent rentrer, ils seront accueillis à leur retour comme il convient. Cette politique ne peut être remise en cause. Dites-leur que, s'ils veulent contribuer, le bon choix est de rentrer. [...]

Il faut maintenant une double politique, c'est-à-dire d'un côté s'occuper des réformes, et de l'autre combattre la criminalité sous toutes ses formes. La fermeté s'impose de part et d'autre. Le combat contre la criminalité et l'ignominie ne souffre en effet aucun relâchement. Si le Guangdong compte rattraper les « quatre dragons » en l'espace de vingt ans, la croissance économique n'y suffira pas, il faudra aussi améliorer l'ordre et l'atmosphère sociale. Le socialisme aux couleurs de la Chine n'aura d'existence que dans la mesure où nous ferons mieux qu'eux sur le double plan matériel et spirituel. Singapour est exemplaire pour son ordre social, qui est sévère. Nous devrions nous en inspirer et faire mieux même. Avec l'ouverture se sont infiltrées des choses décadentes, et par endroits la Chine doit aussi faire face à de regrettables phénomènes tels que l'usage de la drogue, la prostitution, les délits d'ordre économique. Il faut s'en préoccuper, proscrire et combattre sans laxisme cette délinquance. [...] C'est tout le processus de réforme qui doit se défendre de la corruption. Par conséquent, pour les cadres et le PCC, cette politique d'ordre social est à considérer comme un objectif majeur. Un moyen d'action fiable consiste à s'appuyer sur la législation. [...]

L'impérialisme pratique l'évolution pacifique et porte ses espoirs sur les prochaines générations qui nous succéderont. Les camarades Jiang Zemin et d'autres appartiennent, disons, à la troisième génération, qui sera suivie de la quatrième, puis de la cinquième. Nous autres de la vieille génération, notre présence a du poids, les forces antagonistes savent que le changement est impossible. Mais qui se portera garant lorsque nous autres anciens auront, hélas, passé ? C'est pourquoi on doit éduquer l'armée, les organes de notre dictature, les membres du PCC, le peuple et la jeunesse. S'il y a un problème en Chine, c'est de l'intérieur du Parti qu'il viendra. Sur ce point, soyons lucides et appliquons-nous à former les hommes. Il faut recruter des hommes aussi intègres que compétents en fonction des critères d'évolution suivants : révolutionner, rajeunir, améliorer le niveau de connaissances et de spécialisation. Nous disons qu'il faudra veiller à la ligne fondamentale du Parti sur cent ans, car la continuité et la paix durable sont à ce prix. [...]

Après un long processus de développement, le socialisme remplacera nécessairement le capitalisme. Il s'agit là d'une tendance globale du développement socio-historique contre laquelle personne ne peut rien, mais la route sera tortueuse. Pendant les quelques siècles au cours desquels le capitalisme a remplacé le féodalisme, combien y a-t-il eu de restaurations monarchiques ? Aussi, dans un certain sens, des restaurations provisoires constituent-elles des phénomènes difficilement évitables entrant dans la catégorie des lois (de l'Histoire). [...]

Extraits du « Document 2 » du Comité central, février 1992, d'après *Perspectives chinoises*, Hong Kong, 1992, 2, pp. 10-14.

6
L'ouverture

Les réformes en Chine s'appuient sur une ouverture à l'étranger contrôlée par le pouvoir politique actuel, et fortement chargée des réminiscences d'une histoire récente où le pays fut soumis à une ouverture non pas choisie mais imposée par l'Occident.

La Chine entend fonder son développement actuel en s'intégrant au système économique mondial tout en conservant une autonomie politique et une identité culturelle qui lui soient propres.

La mondialisation soulève une question déjà maintes fois posée : celle de l'adaptation de la culture chinoise traditionnelle à la modernité internationale – ou occidentale.

Pour ce faire, le Continent a des lieux géographiques et historiques d'ouverture qu'il réactive depuis vingt ans, il développe prudemment une économie duale et observe les leçons économiques, sociales et politiques de ses satellites culturels : Hong Kong, Taiwan et Singapour.

La Chine se voulait hier l'un des chefs de file du tiers-monde, apte à proposer une alternative aux modèles capitaliste et soviétique; son ouverture au marché économique mondial depuis vingt ans lui permet désormais de compter au nombre des puissances économiques émergentes de la région Asie. Elle a réalisé 3 % du commerce mondial en 1997 – 6,5 % avec Hong Kong. Face aux récentes secousses de la crise asiatique qui ont ébranlé les petits dragons, la Chine a mieux résisté, forte de ses importantes réserves en devises.

❑ ***La société chinoise et l'ouverture économique.*** Cette mutation de la Chine due à la politique de réformes menée sous Deng Xiaoping s'accompagne intérieurement d'une restructuration du tissu économique chinois, qui rejaillit aujourd'hui sur la société, ses rapports à l'argent et au travail, ses aspirations matérielles et politiques. Il vaut mieux travailler activement dans une entreprise sino-étrangère qui offre des salaires répondant aux nouveaux besoins plutôt que de garder un sous-emploi dans une unité de travail publique. La société de consommation touche de plein fouet les populations chinoises, surtout celles des grandes villes côtières, et de nouveaux modes de pensée ou de comportement se développent en lien avec les modèles culturels véhiculés par les médias.

❑ ***La mondialisation : vers une « banalisation » de la Chine?*** Somme toute, la Chine se banalise par ses progrès économiques et l'évolution de sa société. Certains observateurs évoquent l'émergence d'une véritable classe moyenne et l'autonomisation d'une société civile par rapport au régime en place. De nouvelles élites urbaines apparaîtraient et les aspirations démocratiques se feraient plus pressantes.

On le voit : réduire l'ouverture chinoise à une question économique ignorerait ses implications réelles en termes sociaux et culturels, implications certainement plus profondes que l'effet de mode dont profite aujourd'hui l'ouverture aux yeux de la jeune génération chinoise. Or les dirigeants ont, dès le début, été conscients des enjeux d'une ouverture au monde extérieur, qu'ils ont voulue et maintenue malgré un freinage conjoncturel après les événements de Tian'anmen. L'ouverture s'est certes, elle-même, légitimée par une modernisation économique, un enrichissement du pays et l'intégration de nouveaux modes de production et de consommation. Mais elle engage aussi des choix radicaux de civilisation qui remettent en cause les principes d'un pays à l'identité si marquée, et qui sortait, en 1978, de trente années de repli autocentré.

L'insertion au système économique mondial pourrait-elle donc être si forte qu'elle entraîne la Chine sur les mêmes voies que les Nouveaux pays industriels, et plus particulièrement les petits dragons asiatiques ? Créant de nouvelles solidarités avec ses acteurs – les firmes multinationales, les organismes internationaux comme le FMI ou la Banque mondiale –, la mondialisation aura-t-elle raison des « caractéristiques » chinoises si régulièrement et véhémentement revendiquées par Pékin ? Peut-on penser un jour que la Chine devienne un partenaire économique banal d'un espace mondial profondément renouvelé ?

La rue de Nankin, principale artère ouest-est de Shanghai, l'affirme. Outre la présence de McDonald's, ses trottoirs sud et nord sont ponctués tous les cinq mètres d'emblèmes publicitaires – qui servent aussi d'éclairage public – à la gloire de Pepsi-Cola à l'ouest du croisement avec la rue du Tibet, et de Coca-Cola à l'est jusqu'au Bund. Dans la capitale de la bande des Quatre, dans un pays dont la révolution se voulut, il y a une génération à peine, si radicalement culturelle, quel plus clair symbole de la victoire de la mondialisation et de l'Occident ?

❑ ***Entre souci d'indépendance et malaise identitaire.*** Pourtant, répétons-le, ces indicateurs ne doivent pas tromper. Le régime actuel, fragilisé par ses renoncements idéologiques, s'il légitime son maintien au pouvoir par le développement du pays, n'entend pas pour autant ouvrir ses frontières aux idéaux occidentaux, ni non plus s'inféoder aux décideurs économiques mondiaux comme bien des pays en voie de développement. Il en va de sa survie et de l'indépendance de la Chine. Derrière l'ouverture sur l'étranger dans le contexte d'une mondialisation accélérée, existe un nationalisme farouche et largement partagé par la population chinoise : une revanche sur l'histoire moderne de la Chine reste à prendre.

Plus profondément, le nationalisme chinois se nourrit d'un malaise qui ne quitte plus la civilisation chinoise depuis sa confrontation avec l'Occident moderne. Quelle place peut-elle se donner face à l'Occident qui a su se dédoubler en une culture universelle et s'imposer scientifiquement, économiquement et culturellement d'une manière aussi décisive au monde ? Sa culture doit-elle n'être plus comptée qu'au nombre des cultures locales, submergées par la modernité ? Si la Chine n'est plus capable d'être le « milieu » du monde, comment dès lors doit-elle se redéfinir à ses propres yeux ?

La mondialisation engage bien plus qu'un simple ancrage économique au système mondial. Pour la Chine, les enjeux sont économiques mais aussi politiques, culturels, identitaires. En cela, l'ouverture choisie de 1978, pour qu'elle ne soit pas un jour subie, ne peut aussi que s'éclairer des expériences chinoises passées et de celles des « Chine » périphériques au Continent (Hong Kong, Taiwan, Singapour).

L'IDENTITÉ CHINOISE OU LA CONFRONTATION FORCÉE

❑ ***Du fleuve Jaune au vaste océan bleu.*** En 1988, nous avons vu quels échos la série télévisée *Élégie pour le fleuve* a suscités dans la société chinoise. Dans cette série, les auteurs évoquaient le débat sur la supériorité de la civilisation occidentale sur la chinoise et l'incapacité qu'a cette dernière d'en relever le défi. Su Xiaokang et Wang Luxiang dénonçaient les lourdeurs et les entraves à la modernité que véhicule la culture chinoise traditionnelle, cela à travers trois symboles : le fleuve Jaune, la Grande Muraille et le dragon. Ils accusaient ainsi leur propre culture de pérenniser des structures économiques et mentales arriérées, de légitimer un pouvoir politique autoritaire et de s'emmurer frileusement sous couvert de l'excellence de la civilisation chinoise.

Pour les auteurs, le fleuve Jaune, au lieu de charrier les lourds sédiments jaunâtres de la tradition confucéenne et du despotisme oriental, devrait aller à la rencontre de l'océan, des autres cultures, pour se revivifier. Mais ces sédiments entravent sa progression vers l'océan bleu.

❑ ***L'ouverture sur l'étranger : une question historique.*** Les réformes actuelles ont, en cela, réanimé chez les intellectuels chinois d'anciens débats sur la nécessité d'accueillir et d'assimiler la modernité. Les jésuites ont été les premiers à toucher directement l'élite de la Chine aux XVIIe et XVIIIe siècles. Dans une visée pastorale à long terme, ils communiquèrent aux lettrés chinois de l'époque les éléments et connaissances de la science occidentale. En 1898, dans un tout autre contexte, celui de l'empiétement de la souveraineté chinoise par les puissances occidentales et japonaise, les Cent Jours de réforme ont tenté, par un programme de modernisation économique, militaire et politique, de rénover la Chine impériale. Le Mouvement du 4 mai 1919 mêle significativement volonté de moderniser le pays en adoptant les idées occidentales et indignation nationale contre le traité de Versailles. À cette époque, Lu Xun dénonce le cannibalisme de la culture traditionnelle. Enfin, l'Occident pénètre la Chine de la première moitié du siècle avec l'influence grandissante du marxisme sur les esprits, cela jusqu'à la conquête du pouvoir par le Parti communiste.

De telles aspirations réformatrices ont aussi une fonction interne dans le monde intellectuel et politique chinois. Des mouvances et des cliques se dessinent, qui utilisent en leur faveur les apports de l'extérieur. À la fin de la dynastie Ming, la rigueur morale et le souci de l'orthodoxie des jésuites renforçaient les réformistes qui désiraient revenir aux principes premiers du confucianisme. Pareillement, les réformistes de la fin du XIXe siècle se sont opposés à l'impératrice Ci Xi et au clan aveugle des conservateurs. L'histoire se répétant *mutatis mutandis*, de semblables luttes pour le pouvoir ont aussi occupé l'appareil du Parti communiste dans les années 1970 et 1980. La « gauche », avec Chen Yun, essaya sans cesse de ramener les réformes menées par Deng Xiaoping dans l'esprit des dogmes socialistes.

❑ ***L'État face à l'ouverture.*** En fait, les régimes au pouvoir en Chine ont constamment utilisé l'ouverture sur l'étranger à leurs propres fins. Lorsque l'État est suffisamment fort, il tolère les étrangers et leur nouvelle religion, et montre ainsi sa grandeur. C'est quand il s'avère que le christianisme remet en question les liens politiques et cosmologiques entre le souverain et ses sujets que les jésuites de l'époque moderne voient leur influence diminuer. Quand l'État chinois vacille, il adopte deux attitudes opposées : la fermeture brutale des frontières – sous les Ming – ou la conciliation de la tradition chinoise et de la modernité. Le Guomindang a repris progressivement à son compte le confucianisme pour construire une nouvelle société et créer un État moderne. Les réformes de la Chine actuelle sont placées sous le sceau ambigu du « socialisme aux caractéristiques chinoises ».

❑ ***L'ouverture comme démarche nationale.*** Au total, le désir de moderniser le pays en l'intégrant à l'économie mondiale et aux valeurs occidentales n'a jamais été un refus définitif des valeurs chinoises. L'initiateur du mouvement réformiste de 1898, Liang Qichao, après la Première Guerre mondiale, rejeta l'Occident pour glorifier la civilisation chinoise. De même, les intellectuels du Mouvement du 4 mai revinrent sur leur iconoclasme passé : le philosophe Hu Shi défendit, plutôt que l'idée d'une occidentalisation des Chinois, celle de leur modernisation, par acceptation « de la culture mondiale scientifique et industrielle, et de la civilisation spirituelle sur laquelle elle repose ». En fait, la modernisation chinoise est une démarche fondamentalement nationale qui doit répondre aux humiliations de l'histoire récente.

LA MESURE DE L'OUVERTURE

❑ ***La Chine, élève de l'étranger.*** À « mondialisation », les Chinois répondent « ouverture » sur l'étranger. Les termes ont de l'importance. Pour la Chine, l'ouverture à l'étranger est une vieille histoire. Son passé est fait d'une succession de liens noués avec l'extérieur, puis d'isolements diplomatiques, commerciaux ou territoriaux. Mais surtout, alors que les anciennes expériences posaient la Chine comme un lieu modèle de civilisation, les dernières ouvertures des XIXe et XXe siècles furent au contraire celles de la faillite d'une culture et d'une société incapables de relever le défi de la modernité occidentale. La Chine n'était plus initiatrice ; elle devenait l'élève de l'étranger. Dans une culture où l'identité des individus s'établit suivant des relations fondamentalement hiérarchiques entre le souverain et le sujet, le vieux et le jeune, le père et le fils, les Chinois n'avaient plus d'autre choix que de reconnaître, à leurs yeux, l'« infériorité » et les limites de leur propre culture.

La question des rapports à l'étranger est, avant d'être économique, d'ordre culturel et politique. Aux yeux des autorités chinoises, voire même à ceux des populations locales pourtant si désireuses de s'enrichir, l'intégration actuelle au système économique et politique mondial ne doit pas faire de la Chine un lieu banal d'implantation des entreprises étrangères, de connexion aux réseaux financiers et de communication. Même dans un contexte de mondialisation, la Chine ne peut devenir une simple région économique du monde, livrée aux jeux spéculatifs des investisseurs et aux desiderata de firmes multinationales en chasse d'avantages comparatifs.

❑ ***Être un acteur indépendant.*** Il ne s'agit pas seulement de développer le pays ou de mieux vivre, mais aussi de se resituer face à un monde extérieur qui est tenu pour responsable de la plupart des maux du pays dans la première moitié du siècle. Hier humiliée par les traités « inégaux » et les concessions étrangères, puis soumise à la domination et aux exactions japonaises, comment la Chine, qui s'est historiquement donnée comme le centre culturel du monde et qui abrite une civilisation plusieurs fois millénaire, pourrait-elle aujourd'hui ne pas réintégrer avec prudence les bancs de la communauté internationale ? La Chine est ainsi l'un des rares pays en voie de développement qui, sachant jouer du poids de son marché et de son potentiel économique, s'aménage résolument une autonomie. Or, pour rester maîtresse de son développement, la Chine ne fait que « s'ouvrir » à l'étranger et elle entend bien garder le contrôle de la porte qu'elle a ouverte.

En cela, la Chine encourage, depuis vingt ans, une forte et constante augmentation des investissements étrangers sur son sol ainsi que de son commerce extérieur.

❑ ***Les capitaux étrangers*** effectivement engagés en Chine se montaient à moins de cinq milliards de dollars états-uniens en 1985, et dix milliards en 1990. Ils connaissent une croissance remarquable en 1993, grâce à la reprise de l'ouverture et à la signature de nombreux contrats l'année précédente : les capitaux étrangers passent alors de 19 à 39 milliards de dollars états-uniens entre 1992 et 1993, pour atteindre 64 milliards en 1997. Cette dernière année, 19 % de ces capitaux correspondaient à des prêts, dont le Japon est le principal fournisseur, et 70 % à des investissements directs. En 1997, 89 % des prêts étaient attribués aux ministères et départements, 11 % aux provinces ; et, à l'inverse, 11 % des investissements directs revenaient aux ministères et départements, et 89 % aux provinces.

Les investissements directs étrangers provenaient pour l'essentiel de Hong Kong (41 %) – ou y transitaient ; ils venaient ensuite de territoires chinois périphériques (Taiwan 6 % et Singapour 5 %), de l'Asie développée (Japon 8 % et Corée du Sud 4 %), soit un total asiatique de 64 % ; enfin des États-Unis (7 %) ou de la Grande-Bretagne (4 %).

Les investissements représentés par les entreprises fondées sur des capitaux étrangers étaient au total, en 1997, de 753 milliards de dollars états-uniens. Ils se portaient préférentiellement vers les produits manufacturés (53 %) et l'immobilier (20 %). Enfin, leur concentration géographique était forte : 29 % des investissements dans le seul Guangdong, 12 % à Shanghai et 9 % pour le Jiangsu.

❑ ***Le commerce extérieur*** a vu sa part croître sans cesse dans le PNB chinois : il en représentait 13 % en 1980, puis 23 %, 30 % et 41 % en 1985, 1990 et 1995 respectivement. Il correspondait à 37 % du PNB chinois en 1997. Jusqu'en 1989, les importations excèdent les exportations. Depuis, excepté en 1993, la balance commerciale a toujours été positive.

La Chine exportait pour moitié des biens primaires et pour moitié des biens manufacturés en 1980. C'est en 1986 que l'écart se creuse significativement : 36 % des exportations chinoises ne portent plus alors que sur les biens primaires (denrées alimentaires, animaux destinés à la consommation, boissons, tabac, matières premières, matières minérales, huiles animales et végétales, graisses), alors que 64 % d'entre elles sont couvertes par les biens manufacturés (produits chimiques, de l'industrie légère, textiles, de caoutchouc, métallurgiques, équipement mécanique et de transports…). Les parts respectives de ces types de production sont de 26 % et 74 % en 1990, de 14 % et 86 % en 1995, enfin de 13 % et 87 % en 1997.

Les principaux clients de la Chine étaient, en 1997, le port largement réexportateur de Hong Kong (24 %), les États-Unis (18 %) et le Japon (17 %). L'Asie accueillait à elle seule 60 % des exportations chinoises ; l'Amérique du Nord et l'Europe 19 % et 16 % respectivement.

Parallèlement, la Chine des réformes importe en majeure partie des biens manufacturés : 65 %, 82 % et 80 % du total de ses importations en 1980, 1990 et 1997. Cette dernière année, le tiers des biens manufacturés importés revenait à la mécanique et aux produits électriques.

Les principaux fournisseurs de la Chine étaient alors le Japon (20 %), Taiwan (12 %), les États-Unis (11 %) et la Corée du Sud (10 %). L'Asie assurait 62 % des importations chinoises ; l'Europe et l'Amérique du Nord 18 % et 13 % respectivement.

Canton que les Qing ont limité la fréquentation du littoral par les étrangers entre 1757 et le traité de Nankin. De même, la foire de commerce internationale a eu pour lieu exclusif la capitale de la Chine du Sud entre 1957 et la fin des années 1970. Surtout, l'époque moderne, période qui va de 1842 à 1949, a marqué une étape décisive dans ce processus de structuration du territoire chinois en fonction du littoral et de l'intégration à l'économie mondiale. Nous le savons, un doublement des grandes villes de l'intérieur par des métropoles littorales à vocation internationale traduit la primauté économique que prend alors la façade maritime : Tianjin devient le port de Pékin, Shanghai déclasse Nankin, Hong Kong naît au large de Canton. Ces pôles urbains, industriels et portuaires, nés d'une « mondialisation forcée » des XIXe et XXe siècles, sont devenus les plus grandes métropoles de la Chine d'aujourd'hui. Les liens étroits entre l'ouverture chinoise et la littoralisation de l'économie se traduisent aisément en chiffres : les provinces et municipalités côtières – la région autonome du Guangxi comprise – réalisaient 58 % du PIB chinois et bénéficiaient de 85 % des prêts et investissements étrangers effectivement accordés aux régions chinoises en 1997. Le littoral représentait, à lui seul, 89 % des exportations chinoises et 92 % des importations.

❑ ***La dynamique d'ouverture à l'intérieur des terres.*** Cela dit, l'ouverture ne concerne plus exclusivement les littoraux. En 1988, la notion de port ouvert est élargie aux ports fluviaux, à des aéroports et à des espaces frontaliers. Sur dix-sept nouveaux ports, cinq sont situés à Hainan, cinq sur le Yangtsé et sept le long des fleuves de la frontière sino-soviétique. S'y ajoutent un port routier à Shenzhen et sept aéroports. En 1991, tous les ports du Yangtsé sont ouverts de Wuhan à l'embouchure du fleuve. Plus à l'intérieur, un commerce transfrontalier s'est mis en place, dès 1982, entre les régions frontalières du Nord-Est chinois – la province du Heilongjiang essentiellement – et l'Extrêm[illegible]rient russe. Il porte sur des échanges de produits alimentaires ou d'indu[illegible]égère venant de Chine contre des matières premières soviétiques. Les S[illegible]ques s'engagent aussi, en 1985, à moderniser les complexes industrie[illegible]s avaient construits en Chine dans les années 1950. À l'échelle loca[illegible]iens s'intensifient ensuite par la multiplication des commerçants fai[illegible]avette de part et d'autre de la frontière à la fin des années 1980, e[illegible] de main-d'œuvre chinoise en Extrême-Orient russe. Un espace ré[illegible] ouverture se crée ainsi avec la constitution de villes jumelles le l[illegible]a frontière : Heihe-Blagovechtchensk, Xunke-Porjakovo, Tong[illegible]zleninskoïe, Raohe-Bikin, Hulin-Lesozadovsk, Suifenhe-Gro[illegible]n 1996, Chongqing est devenue une municipalité de rang provin[illegible]pas moins de 82 000 km². Prise sur le territoire de la province du Sic[illegible]cette nouvelle municipalité a pour double objectif de permettre la réalis[illegible]on du projet du barrage des Trois Gorges – en assumant ses conséquences en amont du fleuve – et de constituer un pôle de développement de l'intérieur de la Chine : Chongqing s'est vu accorder une large part des avantages économiques et fiscaux de la Zone économique spéciale de Shenzhen.

LES EXPÉRIENCES NON CONTINENTALES : HONG KONG, TAIWAN ET SINGAPOUR

Prolongeant les lieux de l'ouverture continentale, des territoires chinois autres que le Continent – Hong Kong, Taiwan et Singapour – ont également montré qu'un développement fondé sur la modernisation, l'ouverture à l'étranger et l'intégration économique au système mondial, était possible sans qu'il y ait pour autant reniement de la culture et des valeurs chinoises. Leur essor a certes eu lieu dans des contextes historiques et régionaux très spécifiques. La colonisation britannique a permis d'imposer à Hong Kong un libéralisme économique consolidé par un respect rigoureux de la loi. Le Territoire, et avec lui les deux autres petits dragons chinois, a participé et profité de la croissance régionale du Nord-Est asiatique des années 1970 et 1980. Pour sa part, Taiwan se voyait dans l'obligation de devenir une puissance économique – à défaut de l'être politiquement – face au Continent. Enfin, îlot chinois en Asie du Sud-Est, Singapour s'est développée dans un milieu régional hostile, et elle a inscrit son développement industriel et tertiaire dans la continuité de ses origines extraverties de carrefour maritime. Sans la base de repli d'un marché intérieur, ces petits dragons chinois se sont ainsi développés dans l'exacte mesure où ils inséraient leur économie dans le système économique mondial, contre l'isolationnisme traditionnel de la Chine continentale.

❑ ***La prégnance de l'identité chinoise.*** Il ne s'agit plus, dans leur cas, d'« ouverture » mais bel et bien d'intégration et de mondialisation. Néanmoins, les sociétés locales et le tissu économique de ces territoires, pour aussi modernes qu'ils soient, ont gardé leur identité chinoise. Les valeurs familiales, les modes de fonctionnement social hérités du confucianisme, la primauté des relations interpersonnelles privilégiées – à l'opposé des liens sociaux dégagés de stricts rapports familiaux, amicaux ou plus largement en réseau –, se sont ici combinés à la modernité, et c'est par leur osmose que sinité et modernisation ont permis les formes émergentes d'un développement social et économique réel, qu'appelaient hier de leurs vœux des penseurs comme Hu Shi. Aujourd'hui, certains auteurs ne vont-ils pas jusqu'à attribuer à ces valeurs traditionnelles l'essor du Nord-Est asiatique de ces trente dernières années ? Singapour joue, d'ailleurs, de ces spécificités culturelles pour prôner les « valeurs asiatiques » contre la soi-disant décadence de l'Occident. Au total, les territoires chinois effectivement intégrés dans le système économique mondial l'ont été par nécessité. Sont-ils dès lors des modèles pour la Chine continentale ? Le régime au pouvoir à Pékin tient Singapour pour un exemple d'efficacité économique grâce à son autoritarisme politique.

❑ ***Le Continent, un espace singulier.*** Pourtant, même aux yeux de la diaspora chinoise, le Continent ne peut être comparé aux micro-États périphériques que sont les petits dragons chinois. Plusieurs facteurs le singularisent radicalement :

il est le territoire de référence historique et culturel des Chinois ; son ouverture contrôlée est menée par un régime communiste dont la faillite idéologique oblige à un développement socio-économique visible et au maintien d'une certaine indépendance nationale ; enfin, la Chine connaît les défis démographiques, économiques et régionaux des grands pays en voie de développement comme l'Union indienne ou le Brésil. À ce stade de la réflexion, nous sommes ainsi en droit de nous demander si le souci d'une ouverture à l'étranger contre une mondialisation qui abattrait toutes les sécurités nationales en matières politique et économique n'est pas dû plutôt aux difficultés d'un régime actuellement sur la défensive qu'à des obstacles culturels, surmontés – nous l'avons vu – par Hong Kong, Taiwan et Singapour. Répondons que le conjoncturel est certes déterminant, mais il fait également rejouer des questions culturelles héritées, ainsi que des structures spatiales plusieurs fois mises à l'épreuve dans l'histoire chinoise. L'important est que le régime en place légitime sa démarche par des arguments historiques et culturels, et que ce discours est opératoire.

LA MONDIALISATION, RÉVÉLATEUR DES DÉFIS INTERNES

Les contradictions internes du développement chinois actuel, dans un contexte d'intégration progressive à l'économie mondiale, sont considérables.

❑ ***Trois défis.*** Ces contradictions se situent à la croisée de trois types de défis. Les défis intrinsèques pourraient être résumés par une population qui a plus que doublé en cinquante ans et dont le taux d'accroissement naturel reste de 10,6 ‰ – soit 12 millions de Chinois supplémentaires pour la seule année 1997 –, et un surpeuplement rural qui provoque une urbanisation difficilement contrôlable. Les défis dus aux réformes : des inégalités régionales grandissantes ; une nécessaire restructuration du tissu économique, notamment des entreprises publiques ; et une couverture sociale qui ne peut plus se satisfaire de la seule appartenance à une unité de travail. Enfin, les défis propres à la mondialisation tiennent aux moyens dont cette dernière dispose à la différence des ouvertures précédentes. L'intégration se traduit non seulement par l'apport de capitaux étrangers ou par des délocalisations industrielles, mais aussi par de nouveaux modes de communication par satellite (télématique, audiovisuel, internet) qui véhiculent dans l'instant les images d'un monde « global ». Souvenons-nous de ces étudiants chinois du Continent qui s'informaient grâce à la chaîne CNN du détail des événements de mai-juin 1989. En cela, cette énième ouverture de la Chine pourrait bien être décisive.

❑ ***Ouverture et morcellement du territoire.*** La question d'un éclatement à venir de la Chine est fréquemment évoquée. Il est vrai que les disparités régionales s'accroissent sans cesse avec le développement économique. La façade maritime et les grandes métropoles côtières concentrent à leur profit l'ouverture et la modernisation. Un fossé se creuse profondément entre le littoral et l'intérieur. Pour certains analystes, la Chine côtière relèverait désormais du réseau des grandes métropoles du Nord-Est asiatique bien plus que d'une stricte configuration nationale, et elle se désolidariserait en cela du reste du pays. D'autres observateurs soulignent les moyens d'une indépendance politique face à Pékin qu'offre aux provinces du Sud leur essor économique. La réalité est certainement plus complexe encore. Malgré son essor, la côte chinoise ne peut être simplement isolée du reste du Continent. Nous avons vu que l'actuelle politique d'ouverture a mis en place une économie duale, qui protège le marché intérieur et les entreprises chinoises. Les structures de décisions économiques et administratives inscrivent toujours le littoral dans une logique continentale.

❑ ***Les ouvertures littorales.*** Le développement de la façade maritime ne doit pas non plus laisser croire à l'émergence d'un bloc régional uni par sa croissance. Au sein du littoral, les disparités sont grandes entre des secteurs privilégiés comme le delta de la rivière des Perles ou la basse vallée du Yangtsé, et leurs marges collinéennes ou les plaines littorales secondaires. Surtout, il s'agit de pôles de développement qui s'égrènent le long du littoral, aux formes de développement variées et en concurrence les uns avec les autres. En cela, à toutes les échelles, le développement chinois entraîne de fait un morcellement structurel du territoire. Contre l'ouverture, nous devrions plus certainement parler *des* ouvertures accolées les unes aux autres de territoires chinois en rivalité.

❑ ***La mondialisation, une menace pour l'unité ?*** La mondialisation, que l'on tient pour un processus d'unification, pourrait-elle dès lors exacerber les localismes chinois au point de menacer l'unité politique du Continent ? La question n'est en rien superflue. L'histoire moderne de la Chine a connu une semblable dérive avec les concessions et les zones d'influence que s'étaient octroyées les puissances occidentales, relayées ensuite par les seigneurs de la guerre. Aujourd'hui, une province comme le Guangdong joue habilement de ses liens avec l'étranger et de sa réussite économique pour s'aménager une marge d'autonomie par rapport à Pékin. L'avenir dira dans quelle mesure l'économique peut l'emporter sur des facteurs aussi forts en Chine qu'une culture commune, une histoire unie et un pouvoir autoritaire.

❑ ***Le pouvoir et le développement.*** Les autres défis en lien avec l'ouverture que rencontre le régime actuel tiennent à la vitesse des réformes. Les populations exigent un rythme soutenu et une diffusion du développement. Mais un emballement inflationniste peut créer des crises politiques graves, et une trop radicale et rapide réforme des entreprises publiques laisserait à découvert des millions de personnes. En fait, le régime essaie, depuis vingt ans, des réformes qu'il réoriente – ou annule – au gré des circonstances et des réactions qu'elles suscitent. Nous avons vu qu'une ligne de mesures précises préalablement définie n'a jamais existé. On peut penser qu'à défaut de légitimité idéologique, le pouvoir à Pékin se maintient grâce largement à sa flexibilité en matières économique et sociale.

❑ ***Le défi de la démocratie.*** Dans le domaine politique, il n'en va pas, avec évidence, de même. N'y aura-t-il pas toutefois un relâchement politique progressif avec la croissance économique ? La mondialisation, la diffusion des modèles culturels et économiques de l'Occident auront-elles raison de l'autoritarisme du régime en place ? Les observateurs ne manquent pas qui croient en l'émergence dès aujourd'hui d'une société civile. Mais de quelle frange de la population parlent-ils ? Seulement des cadres et employés des grandes métropoles chinoises ? Cela suffira-t-il pour entraîner la Chine vers une démocratie parlementaire ? Les observateurs les plus sérieux, et nombre de dissidents chinois, soulignent surtout les revendications actuellement formulées au sein même du Parti communiste. En fait, une démocratisation de la vie publique, liée à une autonomisation des institutions de l'État, semble aujourd'hui attendue dans les cadres mêmes des structures actuelles d'autorité. Elle gagnera certainement la population chinoise, mais lorsque celle-ci lui accordera un réel intérêt.

❑ ***L'ouverture et ses succès extérieurs.*** Enfin, dans les années 1990, la Chine est devenue un partenaire économique avec lequel il faut compter. La vitesse de son développement et sa stabilité politique attirent une très large part des investissements directs et indirects destinés à l'Asie. Elle s'est imposée, en quelques années, dans le commerce extérieur des États-Unis contre ses concurrents asiatiques. Plus que jamais, l'économie chinoise est confrontée à l'efficacité d'une économie mondialisée, et la société continentale aux modes de vie occidentaux. Néanmoins, nous avons vu que cette nouvelle ouverture doit être resituée dans un contexte culturel et socio-politique très particulier. La Chine ne peut en rien être réduite à un pays en voie de développement contraint de s'intégrer au système économique mondial par le FMI et les firmes multinationales. Les questions intérieures déterminent une ouverture à l'étranger dont les dirigeants chinois entendent bien garder le contrôle.

Nous pouvons seulement nous demander si, cette fois, la Chine aura les moyens de refermer la porte entrouverte, l'expérience une fois conclue.

DOCUMENTS

■ La première confrontation

Les jésuites ont joué un rôle majeur dans les relations entre l'Europe et la Chine aux XVIIe et XVIIIe siècles. À la suite de Matteo Ricci, qui s'installe à Pékin en 1601, les missionnaires jésuites sont autorisés à séjourner dans la capitale. Bénéficiant de la tolérance de l'empereur, ils choisissent d'attirer les lettrés chinois par une imposante connaissance des sciences occidentales et de les convaincre par là de la véracité des principes du christianisme, mais ils réussissent plus comme hommes de sciences que comme évangélisateurs.

Les jésuites [au début du XVIIe siècle] ne tardèrent pas à se heurter en Chine à de grandes difficultés quand ils cherchèrent à étendre leurs activités de conversion. S'ils furent bien accueillis chez les gens du peuple, qui étaient attirés par les aspects les plus brillants du culte catholique et par tout ce qui leur semblait être doué d'efficacité miraculeuse, ils ne firent en fin de compte que bien peu de convertis parmi les membres de l'élite. [...] Leurs difficultés auraient pour origine des différences de structures mentales indissociables de l'organisation de la société dans la Chine et l'Europe de cette époque. Il semble en effet qu'on puisse retrouver ces différences dans les conceptions chinoises et occidentales de la religion, dans les rapports entre politique, société et religion, et jusque dans les conceptions de l'homme et du monde. [...]

Persuadés que sa conversion entraînerait celle de tous ses sujets, les jésuites avaient la grande ambition de convertir l'empereur. Mais le pouvoir impérial était justement en Chine d'une nature toute différente de celle des pouvoirs souverains qui leur étaient familiers. Il était conçu dans son principe, non comme un pouvoir de commandement, mais comme un pouvoir général de mise en ordre du monde, de l'espace et du temps, de la société en même temps que de toutes les puissances religieuses. Appelé Fils du Ciel, l'empereur sacrifiait régulièrement à cette suprême puissance cosmique et ordonnatrice dont la dynastie tenait sa légitimité. Et, d'après les rapports que lui soumettait le ministère des Rites, il classait les dieux, leur donnait des titres, des diplômes, ou les leur retirait. [...] Il y avait un patronage impérial des religions étrangères qui était en même temps une sorte de reconnaissance officielle des communautés étrangères qui résidaient en Chine, le ministère des Rites ayant dans ses attributions tout ce qui concernait les relations diplomatiques. Quand Kangxi [empereur de 1662 à 1722] accorda sa protection aux jésuites qui lui apprenaient les mathématiques et lui servaient d'interprètes dans ses relations avec les Russes, il ne fit que se conformer à une très ancienne tradition. [...]

S'il avait fallu tirer toutes les conséquences de l'opposition chrétienne entre l'âme éternelle et le corps périssable, entre le monde d'ici-bas et le royaume de Dieu, elles auraient conduit en Chine à une véritable révolution de la société et de l'État. Elles impliquaient en effet une rupture radicale avec un ensemble de conceptions tout aussi cohérent que celles qu'enseignait le christianisme. Elles impliquaient le devoir de mettre Dieu au-dessus du souverain et des parents et, s'il le fallait, de refuser les ordres du souverain et de ceux des parents quand ils étaient en désaccord avec la volonté de Dieu. Ne connaissant pas de distinction tranchée entre le spirituel et le temporel, les Chinois ne pouvaient admettre qu'une religion, au lieu de s'intégrer à l'ordre général, puisse s'en détacher et le dominer. [...]

Depuis le début de notre siècle et plus encore depuis les années 1950, par réaction pour les humiliations que leur avaient infligées les grandes puissances, les Chinois se sont attachés à se mettre à l'école de l'Occident, répudiant ainsi leur propre héritage, oubliant tout ce qui en faisait le prix. En outre, le monde a bien changé en Europe comme en Chine depuis le XVIIe siècle. Les problèmes ne se posent donc plus aujourd'hui de la même façon. Mais qui oserait dire que les différences que révèle la comparaison de ces deux mondes à une époque plus ancienne ont perdu aujourd'hui même toute actualité ?

Jacques Gernet, « De nouveau sur les premiers contacts de la Chine avec l'Europe », *Études chinoises*, Paris, 1996, XV (1-2), pp. 18-30.

■ Le dualisme du commerce extérieur chinois

Les entreprises étrangères qui ont investi dans des industries exportatrices en Chine ont surtout pris part au commerce d'assemblage. La quasi-totalité (98 %) des exportations des sociétés à participation étrangère résulte de ce type d'opérations et elles sont à elles seules responsables d'environ la moitié de ce commerce. [...] L'implantation de ces sociétés à capital étranger en Chine constituant pour la maison mère un moyen de réduire ses coûts de production, la pression en ce sens peut être particulièrement forte.

Au contraire, le rôle des sociétés à capitaux étrangers dans le commerce « ordinaire » de la Chine est des plus réduits à l'exportation. Elles ne réalisent qu'une fraction minime (6 %) des exportations hors assemblage et n'ont donc pas jusqu'à présent créé un secteur exportateur autonome et faisant appel aux intrants locaux.

Ce dualisme du commerce extérieur chinois est à prendre en compte quand on analyse l'offre et la demande de ce pays telles qu'elles se manifestent sur les marchés internationaux. En effet, les importations chinoises dans leur montant comme dans leur composition par produits ne sont pas représentatives de la demande d'importation pour le marché intérieur. La structure des importations par produits résulte de deux composantes : la demande des industries extraverties d'une part, la demande liée aux besoins intérieurs d'autre part. Ce dualisme se reflète aussi dans les exportations où deux types d'acteurs interviennent : les sociétés mixtes exportatrices qui font quasi exclusivement de l'assemblage et les entreprises chinoises qui ont une activité d'exportation où domine la commercialisation à l'étranger des productions incorporant des intrants locaux.

Françoise Lemoine, « L'intégration de la Chine dans l'économie mondiale », dans Claude Aubert *et al.*, « La Chine après Deng », *Tiers-Monde*, Paris, 1996, 147, pp. 508-509.

Troisième partie

MUTATIONS ET DÉFIS

7
Un monde plein

Dans l'histoire, la Chine a concentré entre un tiers et un sixième de la population mondiale. Deux périodes récentes ont enregistré une forte croissance démographique : entre 1700 et 1850, la population chinoise augmente de près de 280 millions d'habitants ; dans les années 1950, la Chine entame sa transition démographique et la population du pays passe de 583 millions d'habitants en 1953 à un milliard en 1982.

Le pays est aujourd'hui en fin de transition démographique. Parmi les campagnes antinatalistes lancées par le régime depuis 1956, la troisième campagne a accéléré une chute de la fécondité, de 5,8 enfants par femme en 1970 à 2,3 dix ans plus tard. La politique de l'enfant unique, lancée en 1979, obtient de réels succès dans les villes, mais n'arrive pas à s'imposer dans des campagnes en pleine libéralisation économique.

La génération nombreuse née dans les années 1960 pèse aujourd'hui lourdement sur l'emploi et l'un des défis majeurs auxquels la Chine devra répondre tient dans le vieillissement de sa population.

La distribution géographique des populations est très inégale. Elle suit la topographie, les niveaux d'urbanisation et de développement, et elle dessine une gradation des densités depuis le littoral nord vers la Chine de l'intérieur et du Sud, puis vers les périphéries frontalières.

Qu'elle suscite étonnement, envie ou frayeur, la masse chinoise frappe les esprits occidentaux depuis leurs premiers contacts avec la Chine.

Le voyageur étranger, arrivant pour la première fois dans une métropole comme Shanghai ou Pékin, est naturellement fasciné par les foules qui se meuvent rue de Nankin ou rue Wangfujing. Il le sera tout autant dans une ville moins importante, un bourg voire un village de l'intérieur, et il reliera logiquement ce sentiment aux constats de densités démographiques exceptionnelles que donnent les cartes des manuels ou des guides sur la Chine. L'idée bien ancrée d'un monde chinois, et plus largement d'une Asie, assimilé à une fourmilière humaine n'est pas illégitime ; ni non plus celle d'une Chine quasi vide à l'ouest et au nord, celle des marges non chinoises.

❑ ***La répartition de la population, un fait de civilisation.*** Pierre Gourou a montré comment les cultures de l'Asie humide ont donné lieu à des civilisations de fortes densités où les rizières et les hommes se concentrent principalement dans les basses terres, et il a, à juste raison, renvoyé ce que pourrait être le type du paysage humain chinois au nombre des zones de fortes densités de ce monde tropical. L'opposition entre les deltas, les plaines ou les fonds de vallées pleins d'hommes, et les collines, les montagnes ou les plateaux quasi vides de populations – sinon ethniquement minoritaires – est ici devenue classique, laissant à la pente, grande ou petite, la délicate fonction d'être une ligne de démarcation ou, le plus souvent, de conjonction.

❑ ***Une masse humaine : chance ou handicap?*** Aujourd'hui, l'investisseur étranger, comme les représentants commerciaux des compagnies maritimes européennes de l'époque moderne, se permet de rêver à une accession possible au marché des grandes villes multimillionnaires de la côte, puis à un pays intérieur également riche de plusieurs centaines de millions d'hommes. À l'inverse, il pourra, de concert avec son gouvernement national, voir dans cette masse humaine une menace économique, grandissante depuis une vingtaine d'années, image aussi – il est vrai – soigneusement relayée par la propagande interne du régime chinois.

Ces fortes densités démographiques, dans des zones de faibles altitudes, en lien avec une surface de terres cultivables comparativement réduite, ont également été, pour les historiens, des facteurs d'explication de la stagnation de l'économie agricole chinoise à la fin de l'Empire. À l'explosion démographique que connaît l'Empire au XVIIIe siècle correspondrait la décadence de la Chine impériale et rurale.

❑ ***Le choix antinataliste et ses contradictions.*** Dans un tout autre contexte, les dirigeants communistes, une fois confrontés aux effets de la transition démographique, ont eux-mêmes quitté leur première politique antimalthusienne d'inspiration marxiste pour une régulation rigoureuse des naissances et une limitation du nombre d'enfants par couple.

Mais la fameuse politique de l'enfant unique n'est pas non plus sans inconvénient sur la société chinoise et son évolution à moyen et long termes. Bien que ses rigueurs aient été sensiblement atténuées par les autorités, les effets de cette politique ajoutent aux défis hérités que sont de fortes inégalités dans les densités régionales, la masse croissante des populations notamment rurales, le sous-emploi agricole, des migrations à l'échelle nationale sans cesse plus importantes et une croissance urbaine aux limites de l'équilibre, de nouveaux défis : une génération d'enfants uniques, oubliant les liens fraternels et familiaux qui ont traditionnellement structuré la société chinoise, la dépréciation des filles au profit d'un seul fils, et surtout le vieillissement d'une population dans le contexte d'un pays qui ne s'est pas encore donné les institutions nécessaires à une solidarité sociale en termes de retraite et de soins en dehors d'entreprises d'État déclinantes et de l'entraide familiale.

LE POIDS DU NOMBRE

La Chine a toujours été, dans l'histoire, l'un des principaux foyers de concentration humaine du monde. Si les estimations varient, nous pouvons toutefois affirmer qu'elle a continûment représenté entre le tiers et le sixième de la population mondiale. Les Chinois furent toujours plus nombreux que les Européens. Seule l'Inde semble avoir été plus chargée d'hommes que la Chine jusqu'à la fin du XVIIe siècle – au plus tard.

❑ ***L'héritage démographique.*** La Chine comptait aux environs de 40 millions d'habitants lors de l'unification du pays sous Qin Shihuang, une soixantaine au début de notre ère, puis une cinquantaine de millions sous les Tang, pour culminer à nouveau en 1200 avec 120 millions d'habitants. La Chine bénéficie alors des redistributions de populations qui sont intervenues dans les siècles précédents entre le Nord et le Sud, ainsi que de l'extension des surfaces cultivées et de l'amélioration des techniques de production qui s'ensuivent – essor de l'irrigation en Chine du Sud notamment. Mais un déclin démographique vient ensuite et la dynastie mongole des Yuan ne régnait plus que sur 70 millions de Chinois.

Une croissance reprend enfin, jusqu'à l'explosion démographique du XVIIIe siècle : 150 ou 160 millions en 1700, aux alentours de 430 millions en 1850. En 1953, le premier recensement organisé par la République populaire dénombre 583 millions d'habitants ; le second, organisé en 1964, 691 millions ; celui de 1982 compte 1 milliard, et celui de 1990, 1,13 milliard d'habitants. On le voit : alors que la Chine voyait sa population presque tripler au XVIIIe siècle, elle ne gagnait qu'à peu près 150 millions d'habitants entre 1850 et 1949. Puis, sa population a de nouveau fortement augmenté, en doublant presque entre 1953 et 1982.

Au total, deux périodes sont déterminantes quant à la croissance de la population chinoise : le XVIIIe siècle – allant dans les faits de 1680 à 1820 ou 1850 – et celle qui va de 1950 à 1970.

La première période s'accompagne d'une extension du territoire chinois et des terres cultivées, ainsi que de l'introduction de plantes américaines comme le maïs et les patates douces. Avec l'augmentation de la production agricole, la population s'accroît significativement. Mais le volume des rendements obtenus par une main-d'œuvre agricole abondante atteint aussi des records, dans lesquels les historiens de la Chine voient les prémices du déclin du système économique traditionnel. Poussée à son maximum, la production agricole ne peut plus suffire à un monde rural surpeuplé, qui n'a pas intérêt à développer de nouvelles techniques de production comme il l'avait fait lors de la « révolution » économique et urbaine sous la dynastie des Song. La richesse en hommes devient alors un fardeau dont hérite la Chine moderne et contemporaine, et qui alourdit ses chances de se moderniser.

❑ ***L'entrée dans la transition démographique et l'impuissance du régime.*** Quand la Chine entame sa transition démographique à la fin des années 1940, elle est ainsi déjà grosse d'une population surabondante, plus nombreuse d'ailleurs que ne se l'imaginaient les dirigeants communistes à leur arrivée au pouvoir, et qui justifie l'idée reçue qu'ont fréquemment les Chinois sur eux-mêmes selon laquelle « en Chine, il y a trop d'hommes ».

La première phase de la transition démographique chinoise aggrave logiquement la situation. Elle se traduit en effet par une chute radicale du taux de mortalité sans baisse de la natalité. Les taux bruts de mortalité sont estimés à

18 ‰ en 1950, puis 10,8 ‰ en 1957, 9,5 ‰ en 1965 et 7 ‰ en 1973 – ce taux est de 6,5 ‰ en 1997. Grâce à la paix civile retrouvée, à une réorganisation efficace des transports et de l'économie, à une meilleure alimentation et de vrais efforts en matière de santé, les Chinois meurent ainsi deux fois moins en l'espace de vingt ans, hors – évidemment – la période troublée du Grand Bond en avant. La mortalité infantile diminue également en d'importantes proportions. Par contre, le taux brut de natalité reste élevé jusqu'en 1963 : 37 ‰ en 1950, 34 ‰ en 1957 et 43,4 ‰ en 1963 ; pour ne redescendre qu'ensuite progressivement : 37,9 ‰ en 1965, 33,4 ‰ en 1970 et 27,9 ‰ en 1973. Le taux d'accroissement naturel le plus élevé dans la période fut de 33,3 ‰ en 1963.

Le résultat en est, on le sait, un gain spectaculaire de 350 millions d'habitants entre 1950 et 1974, dont 234 millions pour la seule période 1962-1974. Il est aussi à l'origine de la nombreuse classe d'âge qui arrive dans les années 1980 à l'âge de la procréation et qui entraîne alors une sensible augmentation du taux brut de natalité, malgré la rigoureuse politique de naissances appliquée alors dans le pays : 51 femmes sur 100 étaient en âge de procréer en 1982, et 56 sur 100 en 1990 – contre 45 en 1964.

UNE FAMILLE, UN ENFANT

Les premières politiques de planification des naissances datent de 1956 et 1962. Remplaçant un temps le discours officiellement antimalthusien des dirigeants, qui célébraient une population en expansion rapide comme la force d'un pays en voie de développement appelé à rattraper rapidement les pays industrialisés, ces campagnes mettent en avant des arguments économiques et de santé pour une limitation des naissances. Elles se fondent alors sur la diffusion de contraceptifs tant modernes (préservatifs masculins, diaphragmes) qu'issus de la pharmacopée chinoise traditionnelle, ainsi que sur le recours à l'avortement provoqué et à la stérilisation. En 1962, l'accent est mis sur le retard du mariage. Pour ce faire, les autorités s'appuient sur les comités de citadins et les unités de travail mis en place avec l'installation du régime, et sur les nouvelles infrastructures de soins – le plus souvent urbaines.

❑ ***Les premières mesures antinatalistes.*** Dans la pratique, ces campagnes de limitation des naissances ont touché essentiellement les grandes villes, notamment de l'Est, et elles ont été rapidement balayées par les mouvements de fond qui frappent la Chine lors du Grand Bond en avant, puis lors de la Révolution culturelle. Les dirigeants les abandonnent respectivement en 1958 et 1966. Alors que le pays se trouvait dans la première phase de la transition démographique, les mesures nécessaires ont ainsi été différées et ne sont intervenues efficacement qu'une fois l'explosion démographique réalisée.

❑ ***Le succès de la troisième campagne de planification des naissances.*** La troisième campagne de planification des naissances n'a pas, elle, été remise en cause par les autorités, et a pu ainsi profiter de la durée pour progressivement et efficacement entrer en œuvre. Dans un contexte où les conditions de vie et d'hygiène avaient été nettement améliorées depuis vingt ans, à défaut de l'avoir entièrement provoquée, cette campagne a accéléré une nette chute de la fécondité : l'indice synthétique de fécondité pour l'ensemble de la Chine était, comme en 1950, de 5,8 enfants par femme en 1970 (3,3 dans les villes), il tombe à 2,3 en 1980 et se maintient à ce même chiffre en 1990. Parallèlement, le taux brut de natalité a été divisé par deux entre 1970 et 1980 : il était de 18,2 ‰ en 1980.

L'impact des politiques démographiques chinoises ne fut certainement jamais aussi fort que dans la décennie 1970, période où le pouvoir n'avait pas encore desserré son contrôle social et lancé les réformes économiques. La campagne de planification des naissances se sert alors des structures politiques et sociales disponibles pour faire pression sur les individus et, usant de la rhétorique alors à la mode, elle fait des questions démographiques un enjeu « révolutionnaire ». Les dirigeants ont pu contraindre plus efficacement les populations et par là, contrairement à bien des idées reçues, enregistrer des résultats plus probants que durant la célèbre quatrième campagne, celle de l'enfant unique.

Cette troisième campagne commence en 1971. Elle marque le tournant définitif des autorités en matière démographique et touche toute la population en dehors des minorités nationales. Elle se traduit par une politique de quotas annuels impératifs imposés aux autorités provinciales, qui les répercutent aux gouvernements de districts, puis ceux-ci aux responsables des communes populaires, qui les communiquent eux-mêmes aux brigades de production – ou aux comités de citadins dans les villes. Des infrastructures médicales aux différents échelons territoriaux (hôpitaux, maternités, centres de santé locaux, antennes médicales de la brigade) sont installées.

Les trois principes qui guident cette campagne de planification des naissances sont adoptés en 1973 : retarder les mariages – 25 ans pour les garçons et 23 ans pour les filles – et la procréation ; espacer les naissances de trois à quatre ans au minimum ; enfin, réduire le nombre d'enfants par couple à deux en ville et à trois dans les campagnes – puis uniformément à deux en 1977. Des avantages (congés supplémentaires) sont accordés aux couples dociles.

Nous avons vu les résultats indéniables de cette troisième campagne démographique : la chute de l'indice synthétique de fécondité divisé par 2,5 suffit à l'illustrer. En 1979, une naissance sur trois seulement a lieu hors plan. Même si l'impact de la campagne semble avoir varié suivant les régions, et si elle a été mieux suivie dans les villes que dans les campagnes, dans les provinces du littoral nord que dans le Sud ou l'intérieur du pays, l'essentiel à retenir est que c'est dans cette période que le comportement démographique des Chinois a fondamentalement changé, et donc avant la campagne de l'enfant unique.

❑ ***L'enfant unique (1979).*** La quatrième campagne de planification des naissances est, elle, lancée en janvier 1979. Elle se traduit rapidement par une radicalisation de la politique démographique appliquée jusque-là. Les autorités la justifient au nom des intérêts stricts du développement national et elles inscrivent la planification des naissances dans la Constitution de 1982.

Au début des années 1980, une mobilisation générale des structures d'encadrement, qu'il s'agisse des cellules locales du Parti, des unités de travail et des comités de villageois ou de citadins, est lancée. Hormis les minorités nationales et les populations chinoises des régions frontalières, tous les couples han doivent se limiter à un enfant, en ville comme dans les campagnes. Des consignes eugéniques visent à ne pas donner naissance à des enfants en mauvaise santé physique ou mentale.

❑ ***Entre incitation et répression.*** Dans les faits, la restriction du nombre des naissances à un seul enfant par couple s'accompagne, pour réussir, d'une aggravation des contraintes sur les couples. Dorénavant, des mesures administratives et économiques, composées de stimulants matériels et de pénalités, sont appliquées.

Les couples qui répondent volontairement aux critères de la politique démographique se voient attribuer un certificat d'enfant unique, qui leur donne droit à de multiples avantages pécuniaires et sociaux. Ces derniers peuvent se traduire : en ville, par un accès prioritaire au logement, à l'obtention de biens manufacturés – pour l'enfant unique –, à une crèche et aux établissements scolaires; dans les campagnes, par l'élargissement du lopin de terre et du terrain à construire attribués par les autorités villageoises, pour l'enfant par l'accès privilégié à un emploi non agricole dans le district.

Des amendes sont infligées aux contrevenants. La naissance d'un deuxième enfant annule tous les avantages acquis au compte du certificat d'enfant unique. Les deux salaires du couple sont réduits pendant plusieurs années. À la naissance d'un troisième enfant, les autorités suppriment nombre des avantages sociaux courants (congé de maternité et accouchement payés, pour l'enfant rationnement en biens d'équipement et denrées alimentaires secondaires, assurance maladie, instruction gratuite…). Dans les campagnes, la conclusion d'un contrat de production agricole entre l'autorité locale et un couple de paysans peut dépendre d'un engagement par celui-ci à n'avoir qu'un seul enfant.

Les autorités locales ont joué un rôle déterminant dans l'application de cette politique, puisqu'elles ont été chargées par le gouvernement central d'appliquer ces mesures en distribuant elles-mêmes récompenses – sur leurs propres fonds – et amendes. L'importance de celles-ci ou même leur simple attribution ont ainsi varié suivant les provinces, les districts, l'attitude des cadres locaux.

❑ ***Le recul des autorités dans les campagnes après 1984.*** Si la quatrième campagne de planification des naissances enregistre un réel succès dans les villes, ses résultats sont moindres encore dans les zones rurales que ceux de la campagne démographique qui l'a précédée entre 1971 et 1979. La décollectivisation réclame en effet plus que jamais des bras et la garantie pour les plus âgés d'une assurance vieillesse familiale. De telles contraintes étaient d'ailleurs paradoxales dans le climat de libéralisation affiché qui caractérise les années denguistes, et les abus auxquels cette campagne a pu donner lieu dans certaines provinces (avortements forcés même après le sixième mois) furent très mal vécus par les populations.

Aussi ces mesures sont-elles assouplies voire partiellement vidées de sens dès 1984. Les autorités chinoises reculent devant les réactions paysannes à la sévérité de la campagne démographique : refus de se limiter à un seul enfant, dissimulation des naissances de rang 2 et plus, infanticide des filles. Par là, les autorités reconnaissaient aussi les limites de leur pouvoir de coercition. Les cas d'exception pour l'autorisation d'un deuxième enfant sont multipliés dans les campagnes et généralisés. À partir de 1986, une seconde naissance est permise, officiellement sous certaines conditions, quand le premier enfant est une fille.

ENTRE SURPLUS ET VIEILLISSEMENT

Au total, le défi démographique chinois reste donc entier. Même si le pays a réduit fortement son indice de fécondité, une politique de limitation des naissances trop tardive et, entre 1979 et 1984, trop rigoureuse n'a pas empêché l'aggravation du poids démographique dont la Chine a hérité dès avant son entrée dans la transition démographique.

Cette aggravation du poids démographique marque aujourd'hui le pays d'une nombreuse classe d'âge née dans les années 1960 dont les effets sur la pyramide des âges devraient être ressentis encore pendant longtemps. L'espérance de vie à la naissance a sensiblement augmenté durant ce siècle – et c'est un bien : elle est estimée à 30 ans dans les années 1930, à une cinquantaine d'années vingt ans plus tard et à 72 ans dans les années 1980. Logiquement, la Chine doit donc compter aujourd'hui avec deux autres défis : une population active surabondante et en moyenne insuffisamment formée, puis, à plus long terme, le vieillissement général de sa population.

L'évolution par classe d'âge de la population chinoise nous indique clairement l'ampleur des défis actuels. La classe d'âge des moins de quinze ans représentait plus du tiers de la population totale en 1953, elle atteint 41 % en 1964 lors de la première phase de la transition démographique, pour tomber à 34 et 28 % en 1982 et 1990 respectivement. Elle ne correspondait plus qu'à un quart de la population en 1997. Un rajeunissement de la population chinoise a donc eu lieu dans les années 1950 et 1960, qui a été suivi d'une réduction de la part des jeunes, avec l'arrivée des classes nombreuses à l'âge adulte et l'application des politiques de planification des naissances.

❑ ***Une population active surabondante.*** La classe d'âge allant de quinze à soixante-quatre ans a, par ricochet, fortement augmenté en pourcentage comme en valeur absolue. Elle représentait 59 % de la population totale en 1953, puis seulement 56 % onze ans plus tard, pour atteindre ensuite 62, 67 et même 68 % en 1982, 1990 et 1997 respectivement. C'est ainsi près de 830 millions de Chinois qui avaient entre quinze et soixante-quatre ans cette dernière année, et les statistiques chinoises estiment la population active à plus de 700 millions.

On imagine aisément les contraintes et handicaps que pose une telle situation à l'économie chinoise. Le surplus rural serait actuellement de 100 millions de personnes, dont les autorités craignent le déferlement dans des villes incapables de leur offrir les infrastructures de logement, de santé, d'éducation, et surtout les emplois nécessaires. Parallèlement, une modernisation de l'agriculture et, plus largement, la restructuration sectorielle de l'économie, clairement engagée aujourd'hui, va dans le sens contraire des exigences démographiques chinoises. Le chômage urbain était officiellement de 5,7 millions de personnes en 1997, mais les chiffres sont sous-évalués et ignorent notamment les très nombreuses populations flottantes qui, sans autorisation administrative, sont venues chercher un travail à la ville. La population active devrait rester abondante jusqu'en 2020-2030.

❑ ***La menace du vieillissement de la population.*** À cette date, la classe d'âge des plus de soixante-quatre ans risque de peser lourdement sur de plus jeunes générations faites pour une large part d'enfants uniques. Si les autorités s'en tiennent à l'obligation d'un seul enfant voire de deux enfants dans les campagnes pour endiguer la croissance totale, les équilibres entre les différentes classes d'âge auront été profondément transformés. En 2025, un couple sur cinq aura plus de cinquante ans.

Des solutions politiques et sociales devront être trouvées pour assumer le poids des personnes âgées. Les autorités locales créent aujourd'hui des infrastructures et des services destinés aux plus âgés : des centres de services pour personnes âgées dans plus de dix arrondissements urbains de Shanghai – dont Pudong et Xuhui –, des cartes de santé distribuées à Hangzhou ; plus de 8 000 établissements d'enseignement spécifiques leur sont ouverts dans tout le pays.

Mais l'avenir passera surtout par une solution trouvée au problème des ressources offertes aux personnes de plus de 60 ans : les retraites – rappelons-le – ne sont aujourd'hui prises en charge par l'État qu'à travers ses administrations et entreprises. L'évolution actuelle vers une société urbaine constituée de familles nucléaires aggrave les perspectives. Dans le monde rural, la question est plus inquiétante encore. Les collectivités locales, en fonction de leurs moyens, prennent ponctuellement l'initiative dans ce domaine.

LA DISTRIBUTION RÉGIONALE

❑ ***Les comportements démographiques et l'opposition ville/campagne.*** Alors qu'en 1950, l'ancien régime démographique atténuait beaucoup les différences entre les comportements démographiques des citadins et ceux des ruraux, les améliorations en termes d'hygiène, d'information et de suivi médicaux dues au pouvoir communiste, accompagnées d'une valorisation de la femme dans la société, ont touché en priorité les villes et creusé l'écart avec les zones rurales, notamment celles qui étaient isolées. Au total, malgré les discours officiels, les villes ont été les lieux privilégiés de la modernisation socialiste, et les autorités les ont prises naturellement pour bases quand il a fallu appliquer et diffuser vers les campagnes leurs politiques démographiques. On peut ainsi comprendre aisément l'antériorité urbaine en termes de chute de la fécondité et de restriction de la natalité.

Les comportements démographiques ne varient pas seulement entre les villes et les zones rurales. Des différences fortes en termes de classes d'âge dans la population apparaissent aussi au niveau provincial, et reflètent généralement le niveau d'urbanisation – Shanghai ou le Nord-Est par exemple – et de développement des municipalités, provinces ou régions autonomes chinoises.

❑ ***La diversité régionale au regard des classes d'âge.*** En 1997, à Shanghai, 12 % de la population étaient âgés de plus de soixante-quatre ans, soit un chiffre supérieur de 5 % à la moyenne chinoise. Pareillement, la classe d'âge allant de quinze à soixante-quatre ans représentait 72 % de la population shanghaienne, soit 5 % de plus que la moyenne nationale. Avec des taux moins importants, il en allait de même pour les deux provinces adjacentes du Zhejiang et du Jiangsu, les municipalités de Pékin et Tianjin, et le Liaoning. Le long du littoral, avec un monde rural encore inégalement développé et suivant une tradition de familles étendues, seules les provinces du Sud (Hainan, Guangxi, Guangdong et Fujian) comptaient dans leurs populations totales une part de jeunes de moins de quinze ans supérieure – voire très supérieure – à la moyenne chinoise.

La Chine intérieure enregistrait, quant à elle, des taux proches des moyennes du pays, avec une part des plus jeunes excédant souvent le chiffre national. Il n'y avait que les provinces du Nord-Est, le Jilin et le Heilongjiang pour se distinguer, avec une population allant de quinze à soixante-quatre ans particulièrement nombreuse (73 %), alors que les parts des jeunes et des personnes âgées étaient ici toutes deux inférieures aux moyennes nationales.

L'Ouest chinois était globalement plus jeune que l'ensemble chinois, avec une moyenne de 28 % de moins de quinze ans. Fortes de nombreuses minorités et d'une situation frontalière où la politique démographique du gouvernement central ne s'est pas appliquée avec les mêmes rigueurs, les régions autonomes des Tibet, Xinjiang et Ningxia, et les provinces du Qinghai et du Guizhou comptaient entre 33 et 29 % de leur population ayant moins de quinze ans en 1997.

LA PART PROVINCIALE DES MOINS DE QUINZE ANS EN 1997

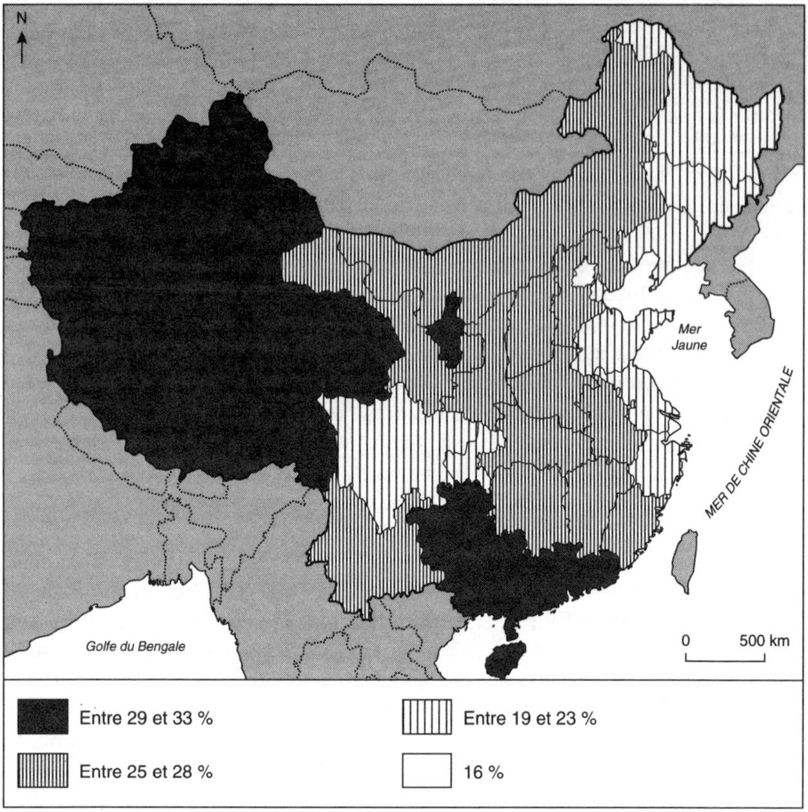

Données : *China Statistical Yearbook*, Pékin, China Statistical Publishing House, 1998, p. 113.

❑ ***Une répartition très inégale de la population.*** La distribution brute des populations et de leurs densités sur l'ensemble du territoire chinois est enfin, elle-même, fortement inégale. L'opposition méridienne entre les grands ensembles du littoral, de l'intérieur et de l'Ouest chinois est là aussi opératoire. En 1997, le littoral comptait 41 % de la population chinoise et près de trois fois la densité moyenne du pays, avec 388 hab./km^2 ; la densité moyenne des provinces et municipalités intérieures, pourtant fortement peuplées et depuis longtemps mises en valeur, était inférieure de moitié à celle de la façade maritime ; quant à l'Ouest, sur 56 % de la superficie du pays, il ne dénombrait que 11 % de la population totale, et une densité moyenne de 24 hab./km^2.

Une analyse des densités par unités administratives de rang provincial peut permettre d'affiner ce constat.

8
Les structures productives

Depuis les années 1950, des tendances lourdes dans l'évolution de l'économie chinoise peuvent être identifiées : une part relative en constante diminution de l'agriculture, une politique fortement prononcée d'industrialisation – privilégiant successivement les industries lourdes puis légères – et un secteur tertiaire qui s'émancipe partiellement des cadres du système socialiste.

La part du primaire (agriculture, sylviculture, élevage et pêche) dans le PIB chinois était de 19 % en 1997. L'agriculture chinoise reste celle d'un monde paysan surpeuplé, dont la décollectivisation souligne les contradictions et que l'essor des activités non agricoles dans le monde rural ne soulage que partiellement. Outre les céréales et le coton, sur lesquels l'État garde un certain contrôle, les autres produits agricoles et l'élevage d'animaux destinés à la consommation ont bénéficié de la libéralisation de l'économie agricole et de la diversification de cette production en lien avec le développement de nouvelles habitudes alimentaires.

La part de l'industrie (mines et carrières, transformation, alimentation en eau et en électricité, vapeur, eau chaude et gaz) dans le PIB chinois était de 43 % en 1997 – 49 % avec la construction. Des foyers industriels s'individualisent clairement, hérités pour certains comme la basse vallée du Yangtsé, les provinces nord qui longent le golfe de Bohai, ou apparus avec force grâce aux réformes chinoises comme la province du Guangdong. Les industries lourdes restent prépondérantes, malgré le développement rapide des industries légères depuis 1978.

Ces mutations se sont accompagnées d'une multiplication et d'une diversification des acteurs économiques. Les entreprises collectives ont été les acteurs les plus dynamiques depuis le lancement des réformes. De nouvelles formes d'entreprises sont apparues comme les entreprises individuelles ou privées, les joint-ventures ou les entreprises totalement étrangères. La réforme des entreprises d'État pose actuellement un lourd défi au régime par les restructurations du secteur productif et de la société urbaine qu'elle entraîne.

Le redéveloppement du secteur tertiaire a été dû à un rattrapage dans les années 1980. Il est aujourd'hui intimement lié à l'urbanisation en cours et aux mutations des grandes villes chinoises.

La Chine s'est engagée, depuis une vingtaine d'années, dans une libération progressive des énergies économiques. L'encadrement administratif et politique s'est relâché, et la tendance lourde est à un laisser-faire économique, qui semble avoir eu raison de la « cage » laissant l'oiseau prendre son envol suivant l'image employée hier par Chen Yun. La multiplication des marchés agricoles et des petites entreprises privées de rues (restauration, commerce, réparations diverses...), qui sont à l'origine de la transformation la plus visible des bourgs et des villes chinois, en est le témoin extrême.

Pourtant, aujourd'hui, nombre d'observateurs dénoncent aussi une situation qui relève moins d'une transition économique coordonnée que d'un desserrement par à-coups confinant à l'anarchie. En fait, les réformes n'ont touché que très inégalement les différentes branches d'activités, les types d'entreprises et les provinces chinoises. Les limites apportées à l'émergence d'un marché national par des transports insuffisants et des protectionnismes locaux plus affirmés que jamais restent des entraves à une unification et une modernisation de l'espace économique chinois. Les confusions entre administrations locales et acteurs économiques n'ont pas véritablement été résolues. Dans une société fortement dépolitisée – en dehors d'un patriotisme sourcilleux –, les valeurs que la réussite matérielle et individuelle incarne traditionnellement dans la culture chinoise ont repris leurs droits.

Avec une touche de nostalgie pour les temps plus « moraux » de l'époque maoïste, certains Chinois vont même jusqu'à dire combien, selon eux, l'âpreté actuelle détruit les anciennes sociabilités et réduit trop souvent les relations humaines à de simples rapports de force.

Cela dit, aucun d'entre eux ne regrette véritablement la Chine d'il y a vingt ans, et ils présentent tous au visiteur étranger la croissance économique et l'amélioration des conditions de vie qu'elle a permise comme une réussite collective et – parfois aussi – comme l'illustration d'un talent proprement chinois comparé à bien d'autres pays en voie de développement.

LES RECOMPOSITIONS SECTORIELLES

À la fin des années 1970, préalablement à la plupart des anciens pays d'Europe de l'Est, la Chine a déstructuré les cadres de son économie planifiée, et réorienté ses choix économiques vers une agriculture de marché libre, une industrie légère, un développement des services et l'exportation d'une partie de sa production en biens manufacturés.

Une analyse des équilibres sectoriels au sein de l'économie chinoise le montre clairement. Mais elle montre également que ces mutations doivent aussi être replacées dans un contexte plus large de modernisation de l'espace productif où les trente premières années du régime occupent en fait une place décisive.

Sur une période allant des années 1950 à aujourd'hui, des tendances lourdes peuvent être identifiées : une part en constante diminution de l'agriculture dans l'économie du pays, une politique fortement prononcée d'industrialisation – privilégiant successivement les industries lourdes et légères – et un secteur tertiaire qui s'émancipe partiellement des cadres du système socialiste.

D'UN MONDE AGRICOLE…

Au vu des statistiques chinoises, de 1952 à 1978, la part du secteur primaire dans l'économie chinoise tombe de 51 à 28 %, et cette tendance est confortée par les réformes économiques entreprises sous Deng Xiaoping : la part du primaire dans le PIB chinois est inférieure à 19 % en 1997.

Le poids de l'agriculture croît certes occasionnellement dans les années 1960 puis de nouveau au tout début des années 1980, mais ces variations doivent être comptées au nombre des crises ou redéveloppements économiques que la Chine populaire connaît alors : elles sont dues au contrecoup du Grand Bond en avant et à la restauration prioritaire d'une agriculture sinistrée – en 1963, la part du primaire dans le PIB atteint 40 % –, aux désordres urbains et à la désorganisation de la production industrielle sous la Révolution culturelle – en 1968, 42 % –, enfin à la décollectivisation de la production et des terres agricoles – en 1982-1983, 33 %.

❑ ***La masse paysanne.*** Pour autant, il ne faudrait pas croire en la fin des paysans chinois. Leur masse demeure considérable, et elle pèse même toujours plus en raison de la croissance démographique : pour un hectare cultivé, il y avait en moyenne 2,9 travailleurs agricoles en 1978 et 3,4 en 1995. Les campagnes occupent une large part de la Chine orientale et surtout intérieure. En 1997, le pays comptait officiellement pas moins de 460 millions de travailleurs ruraux. En leur sein, malgré l'essor d'activités non agricoles et le sous-emploi paysan, 324 millions restaient impliqués dans les travaux agricoles, soit 46 % du total de la population active chinoise.

En fait, les traits couramment évoqués, depuis le XIXe siècle, d'une Chine rurale et surpeuplée cultivant minutieusement des terres aux superficies minuscules sont toujours d'actualité.

❑ ***Décollectivisation et morcellement des terres.*** La décollectivisation a certes permis aux paysans chinois de se rendre *de facto* maîtres des terres que la réforme agraire leur avait redistribuées en 1950 et que la collectivisation et les communes populaires leur ont ensuite rapidement confisquées, mais elle a aussi entraîné un émiettement du parcellaire, une désorganisation des travaux collectifs d'aménagement, notamment hydrauliques, et une intensification des cultures dans une logique de profits rapides sans que les implications écologiques soient toujours prises en compte.

Au total, l'actuelle Chine agricole est un pays fait d'une multitude de micro-exploitations de moins d'un hectare que cultivent plus de 200 millions de foyers paysans. On estime à environ 100 millions les travailleurs agricoles en surnuméraire.

La superficie des terres labourées – sans les pâturages ni les plantations – ont en outre diminué depuis le début du régime. Entre 1957 et 1995, elles ont perdu, suivant les statistiques officielles, 17 millions d'hectares. Leur superficie était de 95 millions d'hectares en 1995, mais elle semble nettement sous-évaluée et Claude Aubert l'estime à 123 millions d'hectares en 1989. Ce sont surtout les superficies récoltées en grains (céréales, tubercules, soja), avec 114 millions d'hectares en 1995, qui ont diminué : elles ont perdu 16 millions d'hectares depuis 1957. Cette tendance, qui s'est très légèrement renversée ces toutes dernières années, tient aux coûts du Grand Bond en avant, au développement industriel et urbain, et elle n'a été que très partiellement atténuée par les fronts pionniers de l'Ouest et du Nord de la Chine.

❑ ***La concurrence pour le sol.*** Aujourd'hui, la libéralisation de l'économie entraîne une concurrence forcenée pour le sol dans la Chine littorale et intérieure entre les infrastructures de transport, l'urbanisation, les zones de développement ou les opérations immobilières, qui gèlent parfois les terres pendant plusieurs années avant même de les employer. Une multiplicité anarchique d'acteurs économiques ajoute au gaspillage des terres et à leur immobilisation.

Or, même si, depuis le lancement des réformes, les surfaces récoltées tendent à se stabiliser, la perspective de mise en valeur de nouvelles terres dans l'Ouest chinois ou sur les pentes de la Chine intérieure est faible.

❑ ***L'eau*** est un autre défi posé à l'agriculture chinoise. Variant dans l'espace – avec des précipitations moins abondantes au nord qu'au sud – et dans le temps – sécheresses et inondations peuvent indifféremment se succéder –, l'alimentation en eau a historiquement contraint les Chinois à compenser les déficits, comme les excès pluviométriques, par des systèmes d'irrigation ou de drainage des terres et par un contrôle rigoureux des cours d'eau terrestres. Les périmètres irrigués atteignaient 51 millions d'hectares en 1997 contre 45 millions en 1978. Depuis les années 1950, le régime communiste a par ailleurs consacré une grande part de ses efforts à l'endiguement des fleuves et des rivières.

L'actuelle captation des ressources hydriques par les industries et des agglomérations en pleine modernisation – notamment au nord de la Chine comme dans la région de Pékin et Tianjin – ou la pollution croissante des cours d'eau – comme dans le delta de la rivière des Perles – accentuent les tensions.

❑ ***Des problèmes structurels encore non résolus.*** À ces défis s'ajoutent des insuffisances structurelles, dont souffre encore l'agriculture chinoise : une faible mécanisation, une sélection insuffisante des semences et un emploi réduit des engrais et des pesticides. À l'aval, des infrastructures insuffisantes de transport et de commercialisation, aggravées par un protectionnisme local, limitent la spécialisation et la complémentarité interrégionale. Les provinces, notamment côtières, peuvent préférer importer des produits agricoles étrangers, qui leur reviennent moins cher que de faire venir leurs équivalents chinois par voie terrestre. Il n'existe pas un marché agricole chinois unifié.

❑ ***L'importance des céréales et du coton.*** En termes productifs, la Chine poursuit sa tradition céréalière. En 1997, 92 millions d'hectares étaient consacrés aux céréales, soit 60 % de terres ensemencées – avec les plantations –, pour une production totale de 443 millions de tonnes. Le riz maintenait sa suprématie avec 32 millions d'hectares et 201 millions de tonnes, les chiffres respectifs du blé et du maïs étant de 30 millions d'hectares et 123 millions de tonnes pour l'un, et 24 millions d'hectares et 104 millions de tonnes pour l'autre. Depuis 1978, les paysans chinois ont enregistré une croissance nette de leurs rendements céréaliers, qui sont passés de moins de 3 tonnes à l'hectare à 4,8 vingt ans plus tard.

Bien qu'elle soit particulièrement sensible aux variations climatiques, la production de coton a également connu une forte augmentation : elle était de 2 millions de tonnes en 1978 et de près de 4,6 millions en 1997.

❑ ***Une production agricole qui se diversifie.*** Cela dit, ce n'est pas au niveau des céréales et du coton qu'il faut chercher les véritables mutations de l'agriculture chinoise. Alors que l'État gardait sur ces deux types de production le contrôle partiel des prix, et que la distribution interrégionale et le stockage des céréales notamment restaient problématiques, les autres produits agricoles ont bénéficié de la libéralisation de l'économie agricole et surtout d'une diversification de cette production avec le développement de nouvelles habitudes alimentaires.

Depuis 1978, la production de canne à sucre et celle des oléagineux (arachide, colza) ont quadruplé, atteignant respectivement 79 et 22 millions de tonnes en 1997. En lien avec l'enrichissement progressif des citadins et l'essor d'une nouvelle société de consommation, une agriculture périurbaine a surtout favorisé les fruits, dont la production est passée de 7 à pas moins de 51 millions de tonnes, et les légumineuses, avec 19 millions de tonnes en 1997. Parmi les fruits, la production de pommes a quadruplé entre les seules années 1990 et 1997; celle des poires a triplé; celles des citrons, des raisins et des bananes ont doublé. Les autres principaux produits étaient, en 1997, les tubercules (32 millions de tonnes) et les betteraves (15 millions de tonnes).

L'élevage d'animaux destinés à la consommation a également connu une nette croissance et il a tendance à s'autonomiser par rapport à la production strictement agricole. Le cheptel chinois comptait 117 millions de bovins, 256 millions d'ovins et 389 millions de porcs en 1997. Les productions de viande, de lait et d'œufs ont sensiblement augmenté. Dans le même temps, l'aquaculture progressait fortement.

En 1997, les cultures représentaient ainsi 56 % de la production agricole chinoise en yuans, l'élevage 31 %, la pêche et l'aquaculture 9 %, et la sylviculture 3 %, alors que les chiffres respectifs étaient 80 %, 15 %, 2 % et 3 % en 1978.

❑ ***Le poids du secteur primaire selon les régions.*** En outre, conformément à son évolution à l'échelle nationale, le secteur primaire n'occupe plus, en 1997, une place prépondérante dans le PIB d'aucune entité chinoise de rang provincial. Néanmoins, des différences importantes se dessinent en fonction du niveau de développement et de diversification économiques de ces territoires. Le littoral s'oppose significativement au reste de la Chine.

LE SECTEUR PRIMAIRE DANS LE PIB PROVINCIAL EN 1997

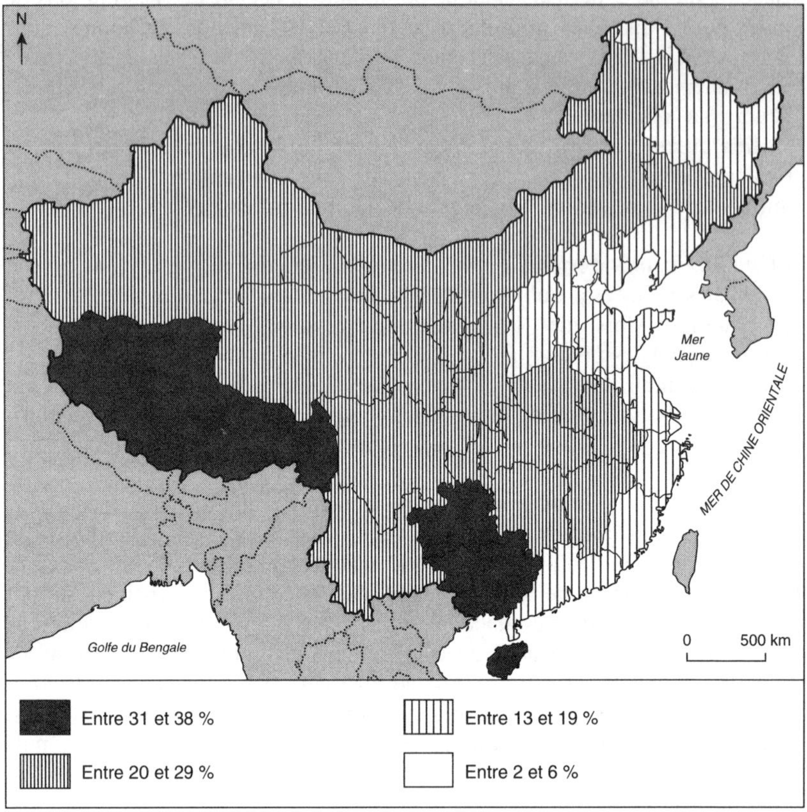

Données : *China Statistical Yearbook, op. cit.*, pp. 63-65.

Sur 34 % des surfaces ensemencées chinoises et avec 36 % des travailleurs agricoles, le littoral a réalisé pas moins de 48 % de la production agricole chinoise en yuans en 1997, mais aucune des provinces côtières ne devait pourtant son produit intérieur brut au secteur primaire pour plus de 20 %. Les trois municipalités côtières enregistraient logiquement une part très faible du primaire dans leurs PIB respectifs. Les seules exceptions sont la province de Hainan et la région autonome du Guangxi, où il faut souligner que l'industrie est en proportion plus faiblement représentée. Hainan a vu en outre se développer depuis l'occupation japonaise, puis sous la République populaire, des cultures tropicales (hévéa, cocotier, cacao, fruits).

Le reste de la Chine devait entre un et deux cinquièmes de son PIB au secteur primaire, excepté le Shanxi et le Heilongjiang. La Chine intérieure avait pour plus de la moitié des surfaces ensemencées et des travailleurs agricoles chinois, mais ses rendements, plus faibles que dans les régions littorales, limitaient à 43 % sa place dans la production agricole chinoise en yuans. Enfin, l'Ouest ne comprenait que 13 % des surfaces ensemencées et des travailleurs agricoles pour 9 % de la production nationale seulement – malgré des parts du primaire au sein du PIB local parmi les plus fortes de Chine comme au Tibet ou au Guizhou.

❑ ***Les spécialisations régionales.*** En matière de productions agricoles, les variations régionales chinoises sont enfin bien connues. Le climat joue un rôle déterminant, en opposant l'Est moins aride et intensément cultivé par les Han, à un Ouest composé de périmètres irrigués prolongeant de ponctuelles oasis (blé, coton) et de vastes étendues pastorales.

Depuis l'ancienne « Chine des dix-huit provinces », la basse et moyenne vallée du Yangtsé, où sont réunies les récoltes du riz en été et du blé ou du colza en hiver – remplacées de plus en plus par une double récolte de riz –, sert classiquement de limite entre une Chine méridionale où domine la double voire la triple récolte de riz par an, et une Chine du Nord traditionnellement vouée aux blé, maïs et coton, avec une double récolte annuelle ou une triple récolte tous les deux ans. Le Nord-Est se consacre au soja, au gaoliang – variété chinoise de sorgho – et au maïs.

Enfin, le Sichuan offre une image extrême des contraintes rurales chinoises, où une main-d'œuvre surabondante et des parcelles très réduites empêchent une vraie modernisation de l'agriculture. La polyculture (riz, blé et maïs, tubercules, fruits, oléagineux) souffre ici d'une densité humaine particulièrement forte avec trois travailleurs agricoles par hectare ensemencé – la moyenne de loin la plus forte de la Chine des Han – et de conditions écologiques en constante dégradation. On comprend dès lors que l'exode rural et les migrations vers les régions littorales, dans des cadres qui peuvent être parfaitement officiels, soient les principaux exutoires pour une partie de la population sichuanaise.

… À LA PRIMAUTÉ INDUSTRIELLE

En fait, la Chine, malgré ses changements affichés de stratégies économiques, a suivi une industrialisation continue depuis 1949. La part de l'industrie dans le PIB chinois passe de 18 % en 1952 à 44 % en 1978, et se maintient à 43 % en 1997.

❑ ***Les étapes de l'industrialisation depuis 1949.*** Nous pouvons distinguer néanmoins des périodes d'industrialisation ou de primauté industrielle plus prononcées que d'autres.

Les années 1950 apparaissent avec évidence comme un moment privilégié avec l'installation du régime, l'influence soviétique et le désir de réduire les inégalités régionales en matière de production industrielle : la part de l'industrie seule atteint 25 % en 1957, avant d'augmenter brutalement et artificiellement avec le Grand Bond en avant – 39 % en 1960. La deuxième période conclut la dernière décennie maoïste comme un bilan des politiques de développement des trente premières années du régime : l'industrie l'emporte définitivement sur le secteur primaire à partir de 1970, et elle représente plus de 40 % du PIB chinois entre 1975 et 1983. Enfin, avec les réformes chinoises et surtout leur relance par Deng Xiaoping en 1992, l'industrie conforte sa place prédominante avec une part au sein du PIB variant entre 37 et 43 %.

❑ ***Les régions industrielles.*** En 1997, les provinces les plus industrialisées dessinent des foyers clairement identifiables : le Jiangsu, le Zhejiang et Shanghai, qui est le pôle industriel le plus complet et le plus diversifié du pays, représentaient à eux trois 25 % de la production industrielle chinoise en 1997 ; les provinces nord qui longent le golfe de Bohai : le Hebei, Tianjin et Pékin en représentaient 10 %, et avec le Shandong et le Liaoning 14 % ; le Guangdong faisait à lui seul 11 % ; enfin, d'anciennes régions industrielles comme le Shanxi (charbon) et le Heilongjiang (charbon, pétrole) enregistraient les taux d'industrialisation les plus élevés, reflet de la prépondérance des activités d'extraction dans leur production.

La part importante du secteur secondaire dans les PIB des provinces de l'Anhui et du Henan s'explique également par la présence d'industries légères comme l'industrie alimentaire pour l'Anhui, celle d'activités anciennes (extraction, textile) pour le Henan, et surtout la faiblesse relative de leurs secteurs tertiaires respectifs. La province voisine du Hubei bénéficie, elle, du fort poids industriel de sa capitale provinciale, Wuhan. Cette industrie est très diversifiée (sidérurgie, mécanique) et l'ouverture lui a permis d'accueillir des investissements étrangers (Citroën).

Dans le secteur secondaire, les statistiques chinoises comprennent également la construction. La part croissante de cette branche dans le PIB chinois a, d'ailleurs, bénéficié des exigences de l'essor industriel, des plans de rénovation urbaine et d'une spéculation immobilière intense : elle était de 3,8 % en 1978 et atteignait 6,7 % en 1997.

Au total, l'espace industriel chinois traduit les héritages successifs de la modernisation chinoise.

❑ ***La primauté industrielle du littoral, héritage de l'époque moderne.*** Entre 1842 et 1949, l'industrie s'est développée dans le cadre des concessions et des ports ouverts aux Occidentaux. Elle est alors prioritairement située le long de la côte chinoise et commande l'essor de grandes villes portuaires comme Shanghai. Cette industrie est légère, sa production étant destinée aux sociétés urbaines littorales ou exportée vers des marchés extérieurs. À Shanghai, le textile prend son essor dans les années 1910 et 1920, en se substituant aux productions européennes. Une industrie lourde se développe également avec la

LE SECTEUR SECONDAIRE DANS LE PIB PROVINCIAL EN 1997

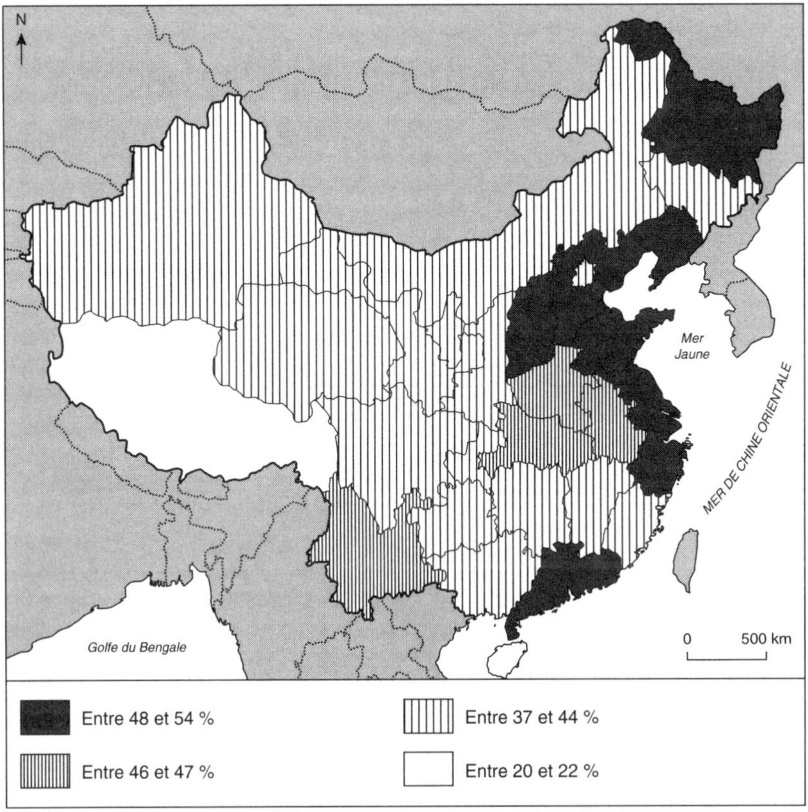

Données : *China Statistical Yearbook, op. cit.*, pp. 63-65.

création des voies ferrées, concédées aux puissances à la fin du XIXe siècle, ou avec la mise en valeur de la Mandchourie par l'occupant japonais dans les années 1930 et 1940.

❑ ***L'industrialisation des terres intérieures après 1949.*** Les premières années du régime communiste atténuent cette concentration littorale. L'industrie gagne les espaces intérieurs. Le premier plan quinquennal officialise l'industrialisation des capitales provinciales de la Chine intérieure (Chengdu, Lanzhou, Xi'an) et la création de pôles d'industries lourdes (sidérurgie, métallurgie, mécanique, chimie et pétrochimie). Une multitude de pôles d'industries lourdes, commandés par de gigantesques entreprises d'État, se mettent ainsi en place et marquent encore aujourd'hui bon nombre de villes chinoises.

La province du Liaoning, l'héritage japonais ayant été repris et renforcé sous l'influence soviétique, en est un bel exemple, avec Dalian (zone industrialo-portuaire), Anshan (sidérurgie), Fushun (extraction minière, raffinage de pétrole), Shenyang (mécanique), et à sa périphérie nord – dans la province du Heilongjiang – Harbin et le complexe pétrolier et pétrochimique de Daqing.

❑ ***Les réformes à partir de 1978 et l'industrialisation de la côte méridionale.*** Enfin, les réformes, après 1978, ont permis un rattrapage des régions littorales les moins industrialisées dans les périodes moderne et contemporaine – et donc les moins handicapées par un parc industriel vétuste ou par des stratégies de développement trop exclusivement orientées vers l'industrie lourde.

Les provinces de la côte méridionale (Guangdong, Fujian, Zhejiang, Jiangsu) ont développé une industrie légère (biens de consommation durable, textile, petite industrie) vouée initialement à l'exportation puis au marché national. Elles ont été aidées en cela par la création des Zones économique spéciales, par l'ouverture de leurs plus grandes villes (Canton, Xiamen, Fuzhou, Wenzhou, Ningbo) aux investissements étrangers et par la création de larges zones économiques comme le delta de la rivière des Perles. Le redéveloppement économique des anciens foyers industriels, à l'intérieur ou au nord du pays, a été comparativement plus tardif.

❑ ***L'essor actuel des biens de consommation durable.*** Dans la seule période qui va de 1990 à 1997, les produits industriels qui ont connu en volume les taux de croissance les plus forts étaient des biens de consommation durable (appareils photographiques, montres, véhicules à moteur, magnétophones, téléviseurs couleur, réfrigérateurs, radios), et leurs industries sous-traitantes (plastiques, fibres synthétiques, pneumatiques).

Parmi ces produits, la croissance de la production automobile est à souligner. L'automobile est la branche où les grandes entreprises chinoises ont été parmi les plus précoces à établir des *joint-ventures* avec des constructeurs étrangers (Volkswagen à Shanghai, Citroën à Wuhan, Peugeot à Canton). Que ce soient des taxis, des véhicules appartenant à une unité de travail ou des voitures privées, le développement des voitures particulières représente aujourd'hui l'un des problèmes majeurs posés aux villes chinoises.

❑ ***Le poids toujours prépondérant de l'industrie lourde.*** Cela dit, malgré l'orientation économique prise par la Chine depuis 1978, le poids de l'industrie lourde reste prépondérant.

La politique préférentielle qu'a menée l'État chinois dans les trente premières années du régime en faveur des industries lourdes, par une priorité en matière d'investissements et un système de prix privilégiant l'industrie contre l'agriculture, a certes été fortement remise en question. Mais les infrastructures de l'industrie lourde, aggravées par leur vétusté technique et leur faible rentabilité, ainsi que la masse des emplois qu'elles occupent – pas moins de

60 % des travailleurs de l'industrie en 1997 – pèsent toujours fortement dans l'économie et la société chinoises.

Sur l'ensemble des entreprises industrielles disposant d'un système de compte indépendant, 57 % de leur production revenaient à l'industrie lourde contre 43 % à l'industrie légère. Si le textile l'emporte avec 476 milliards de yuans en 1997 – sur un total industriel chinois de 6 835 milliards –, les autres types principaux de production industrielle sont la chimie (472 milliards), le matériel de transport (412 milliards), le matériel électronique et de télécommunication (392 milliards), le travail des métaux ferreux (386 milliards), les produits minéraux non métalliques (383 milliards), puis l'industrie alimentaire de transformation (379 milliards), l'équipement et la mécanique électriques (337 milliards), et la production et l'alimentation en électricité (332 milliards).

Enfin, ces branches industrielles se marquent aussi dans les types d'entreprises chinoises, dont les réformes lancées depuis 1978 ont permis une grande diversification, et qui correspondent souvent à des niveaux d'acteurs administratifs et à des contextes spatio-économiques bien particuliers.

VERS UNE DIVERSIFICATION DES ACTEURS ÉCONOMIQUES

Le plan s'appuyait, jusqu'au début des années 1980, sur un système productif très centralisé, où les décisions suivaient une organisation administrative verticale et empêchaient les échanges d'informations et les complémentarités économiques horizontales, intra- et interrégionales. Dans leur souci d'améliorer l'efficacité de l'économie chinoise, les réformateurs ont choisi d'adapter progressivement ce système aux nouvelles exigences d'une économie de marché, fondée sur une libéralisation des forces de production ainsi que sur une règle de rentabilité et de responsabilité des entreprises.

Suivant une telle logique, le système productif chinois a plus encore connu un élargissement de l'initiative économique à de nouveaux acteurs qu'une transformation radicale des structures existantes.

❑ ***La diversification des formes entrepreneuriales.*** Cette démarche ne pouvait pas éviter de réformer le régime de la propriété des entreprises, les modalités de leur gestion interne et de leur inscription dans une économie de marché, ainsi que le système des prix. Des formes nouvelles d'entreprises ont émergé avec la multiplication des entreprises individuelles, qui comptent moins de huit salariés et correspondent à des activités de petite industrie, avec l'autorisation de créer des *joint-ventures* sino-étrangères ou totalement étrangères, et avec l'ouverture de certaines entreprises à l'actionnariat, dont les actionnaires peuvent être souvent les employés eux-mêmes.

Dégagés des seuls modèles qu'offraient la commune populaire, l'entreprise d'État et plus largement l'unité de travail (industrielle ou administrative, étatique ou collective), les nouveaux types d'entreprises sont ainsi apparus dans les blancs laissés par le régime. Ces nouvelles entreprises se sont multipliées dans l'industrie principalement, mais aussi dans un secteur tertiaire qui a connu un net rattrapage dans les années 1980.

Si l'on s'en tient à la valeur de la production industrielle, celle-ci relevait à 78 % des entreprises d'État et à 22 % des entreprises collectives en 1978. Bien que les entreprises individuelles aient été autorisées l'année suivante et les entreprises privées à capitaux étrangers ou non en 1985, les équilibres sont, dans un premier temps, surtout bouleversés au profit des entreprises collectives : les entreprises d'État perdaient de leur suprématie et elles comptaient pour 55 % de la production industrielle chinoise en 1990, les entreprises collectives pour 36 %, les entreprises individuelles pour 5 % et les autres entreprises pour 4 %. Dans les années 1990, les entreprises individuelles et les autres types d'entreprises ont par contre fortement gagné en importance et elles faisaient à elles seules le tiers de la production industrielle chinoise en 1997 : les entreprises d'État, 26 %, les entreprises collectives, 38 %, les entreprises individuelles, 18 % et les autres entreprises, 18 %.

Au vu des statistiques chinoises excluant de ces chiffres les petites entreprises situées à une échelle inférieure au bourg*, les proportions au sein de la production industrielle chinoise restent toutefois moins défavorables aux entreprises d'État, qui en assuraient 42 % contre 30 % pour les entreprises collectives, 12 % pour les entreprises étrangères – excluant les entreprises créées grâce à des fonds des « compatriotes* » de Hong Kong, Macao et Taiwan –, 9 % pour les entreprises avec des fonds des « compatriotes » et 7 % pour les entreprises par actions. Le contraste s'aggrave encore si l'on considère la part des travailleurs dans l'industrie – soit 62 millions de personnes au total : 65 % pour les entreprises d'État, 21 % pour les entreprises collectives et moins de 14 % pour les autres.

D'emblée, des critères de taille des entreprises, de productivité et de poids dans l'économie chinoise opposent ces différents types d'entreprises. Quand 99 000 entreprises d'État enregistrent une production de 2 903 milliards de yuans en 1997, celle des 1,7 million d'entreprises collectives est de 4 335 milliards et celle des 6 millions d'entreprises individuelles chinoises de seulement 2 038 milliards. On le voit : malgré l'essor des entreprises individuelles, les entreprises collectives, relevant des gouvernements locaux – et partiellement héritières des usines des anciennes communes populaires en milieu rural –, restent les grandes bénéficiaires des réformes.

Leurs secteurs d'activités distinguent également ces différents types d'entreprises industrielles.

❑ ***Les entreprises d'État : une reconversion problématique.*** Réduites par les statistiques chinoises aux entreprises disposant d'un système de compte indépendant, les entreprises d'État produisaient pour 2 786 milliards de yuans en 1997, dont 70 % revenaient aux seules industries lourdes : les branches principales étaient le travail des métaux ferreux, la production et l'alimentation en électricité, la chimie, l'industrie pétrolière, le matériel de transport, l'extraction de pétrole et de gaz. Elles étaient concentrées notamment dans le Nord (Shandong, Henan, Hebei) et le Nord-Est (Liaoning, Heilongjiang), à l'Est (Jiangsu, Shanghai) prolongé le long du Yangtsé par le Hubei puis le Sichuan, enfin dans le Guangdong.

La réforme de ces entreprises d'État est au cœur actuel des défis posés au régime par les restructurations du secteur productif et de la société urbaine. En reversant l'intégralité de leurs revenus à l'État à la fin des années 1970, ces entreprises contribuaient pour près de 90 % aux ressources financières de l'État. Nous savons comment celui-ci s'est attaché depuis à restructurer son système fiscal. Ces entreprises sont d'ailleurs devenues largement déficitaires – et fortement endettées : entre 1992 et 1995, la part des entreprises d'État déficitaires est passée de 26 à 44 % dans le nombre total. Une productivité insuffisante et des charges sociales trop lourdes restent les handicaps majeurs de ces entreprises, et l'État continue à soutenir à travers son budget et ses banques une large part de ce secteur. Ses efforts de réformes, accentués au milieu des années 1990, butent sur les mécontentements sociaux qu'entraînent des licenciements massifs.

En fait, l'enjeu qui se trouve derrière la réforme des entreprises d'État – aussi bien industrielles que tertiaires – tient à des réformes sociales plus profondes, qui touchent aux structures mêmes de la société socialiste, aux équilibres entre l'État, les autorités locales, les instances de production et l'individu. Il s'agit de redéfinir la fonction de l'unité de travail, dont l'ambivalence lui a fait assurer jusqu'à nos jours des services extra-productifs. Les autorités chinoises, tant au niveau du Centre qu'à celui des gouvernements locaux, doivent mettre en place un système externe à l'entreprise assurant aux travailleurs une retraite, les moyens financiers de se loger individuellement, l'accès libre à des soins médicaux.

❑ ***La percée des* joint-ventures *et des entreprises étrangères.*** La production industrielle des *joint-ventures* sino-étrangères, des entreprises coopératives et des entreprises strictement étrangères était de 1 424 milliards de yuans en 1997. L'industrie légère l'emportait ici, avec 57 % de la production, et les industries manufacturières comptaient pour pas moins des trois quarts du volume de l'industrie lourde. Parmi ces entreprises, il est à souligner que celles qui étaient associées à des investisseurs étrangers – non « compatriotes » – ou qui leur appartenaient entièrement réalisaient 58 % de la production industrielle totale contre 42 % aux entreprises liées aux « compatriotes ». Par contre, dans les deux cas, les *joint-ventures* l'emportaient largement sur les autres formes d'entreprises.

Le secteur de loin le plus important était l'équipement électronique et de télécommunication (17 % du total), suivi par le matériel de transport, l'équipement et la mécanique électriques, le textile, l'industrie alimentaire de transformation, la confection et autres produits fibreux, et la chimie.

❑ ***Le succès des entreprises collectives.*** Les entreprises collectives ont enfin été les acteurs économiques les plus dynamiques depuis le lancement des réformes. Elles correspondent aux entreprises, aussi bien urbaines que rurales, dont les moyens de production sont possédés collectivement : cela signifie qu'elles dépendent d'autorités locales aux niveaux de la province, de la municipalité, du district, du bourg voire du quartier; et, dans les campagnes, des cantons ou des villages.

Si les statistiques chinoises les distinguent des entreprises individuelles ou privées, il faut noter que la réalité est souvent beaucoup plus complexe. Il semble en effet que bon nombre d'entreprises non collectives ont intérêt à se déclarer collectives afin de s'assurer le soutien et les autorisations diverses des cadres locaux – concernant leur approvisionnement en matières premières, leur accès aux circuits de transports et de distribution, au droit d'exportation… –, en redistribuant évidemment une partie de leurs bénéfices à ces mêmes cadres.

Les entreprises collectives sont d'ailleurs les entreprises où les réformateurs chinois essayent avec le plus de difficulté d'autonomiser l'économique de l'administratif en imposant des règles d'indépendance entre ces entreprises en tant qu'entités économiques et les autorités publiques dont elles dépendent. Notamment, dans les années 1980, il n'était pas aisé aux chefs d'entreprises de distinguer les différentes fonctions auxquelles ils devaient leur poste : gestionnaire responsable d'une entreprise qui doit dégager des profits mais aussi représentant du gouvernement local et – souvent – secrétaire local du Parti.

En ville, les entreprises déclarées collectives par les chiffres officiels employaient 29 millions de travailleurs en 1997, contre 110 millions aux entreprises d'État, 19 millions aux entreprises individuelles et 7,5 millions aux entreprises privées. Leur main-d'œuvre était essentiellement engagée dans l'industrie manufacturière, et secondairement dans le commerce et la construction – alors que celle des entreprises individuelles ou privées se consacrait surtout au commerce et à la restauration.

En milieu rural, les entreprises des bourgs et des cantons comptaient 92 millions de travailleurs, contre 35 millions aux entreprises individuelles et 6 millions aux entreprises privées. Une grande part de leur main-d'œuvre était engagée dans le commerce et les services divers, mais, en terme de production, l'industrie – légère – l'emportait ici très largement.

L'ESSOR DU TERTIAIRE

Les statisticiens chinois ont une définition négative du secteur tertiaire. Ils y comprennent tout ce qui n'est ni du ressort du primaire, ni de celui du secondaire, et distinguent en son sein deux branches, subdivisées en quatre niveaux : la circulation (transports, télécommunications, commerce) et les services (banques, immobilier, équipements publics, services techniques; éducation, culture, santé; organismes administratifs, politiques, policiers et militaires).

❑ ***Le rattrapage du tertiaire.*** La part du tertiaire dans le PIB chinois est de 29 % en 1952. Elle l'emporte sur celle du secteur secondaire jusqu'en 1957, puis sa part décroît – notamment sous la Révolution culturelle. Le tertiaire n'atteint pas 25 % entre 1970 et 1984. La tendance s'est inversée avec les réformes et il représente 32 % du PIB chinois en 1997.

Lors de son arrivée au pouvoir, le régime communiste considérait en effet le tertiaire comme non productif, en dehors des transports et du commerce, et nous avons vu comment il a nationalisé ou éliminé toutes les initiatives privées dans les années 1950. Aussi, depuis le lancement des réformes, il s'agit surtout d'un rattrapage : le tertiaire employait 49 millions de personnes, soit 12 % de la population active chinoise, en 1978 ; il en employait 184 millions, soit 26 %, en 1997.

Les entreprises d'État ne comptaient plus que pour 4 % du total des entreprises en 1996, et le secteur collectif pour 7 % seulement au sein du commerce intérieur, qui comprend le commerce de détail, la restauration et les services aux particuliers. Les entreprises individuelles dominaient en effet avec 87 % du total – et 55 % des 45 millions de travailleurs employés dans le commerce intérieur.

Ce rattrapage s'est traduit par la multiplication des petits commerces en tout genre ou des activités artisanales comme la réparation de vélos, installés dans de minuscules boutiques sur la rue ou directement sur le trottoir. Il a permis aussi la réapparition des courtiers et l'essor d'agences immobilières ou de compagnies d'assurances.

❑ ***Un révélateur des mutations urbaines.*** Les activités commerciales – pour partie informelles – ont été les premiers indicateurs visuels des mutations urbaines, même si elles sont aujourd'hui concurrencées par de véritables grands magasins ou des complexes commerciaux créés souvent sous l'impulsion de grands distributeurs étrangers. Carrefour est présent dans de nombreuses grandes villes de Chine.

Le développement du tertiaire est en fait intimement lié à l'urbanisation actuelle et au niveau de développement des villes. Les cités concentraient 61 % du seul commerce de détail des biens de consommation en 1997, les districts, 13 %, et les échelons territoriaux en deçà du district, 26 %.

DOCUMENTS

■ La question des grains

L'analyse des échanges internationaux des grains montre que la Chine reste, du moins jusqu'à ce jour, largement autosuffisante. Si la Chine a été importatrice nette de grains pendant la majeure partie des dix dernières années (avec des importations record se montant à 20 millions de tonnes en 1995), ses importations nettes ont toujours représenté moins de 5 % de ses récoltes annuelles.

Ces importations ont été pour l'essentiel celles de blé (15 millions de tonnes en 1988, 6 millions en 1993, 12 millions en 1995), pour lequel les livraisons intérieures s'avèrent insuffisantes pour ravitailler les grandes métropoles de Chine du Nord (Pékin et Tianjin) ainsi que les grands centres industriels de Mandchourie. Un volant limité d'importations de blé, de 5 à 15 millions de tonnes, variant avec l'abondance des récoltes, est donc à prévoir à court et moyen terme.

Le vrai problème se pose, à moyen et long terme, pour les importations de grains grossiers, maïs en particulier, nécessaires à la satisfaction des besoins croissants de l'élevage. Même s'il est impossible d'établir des projections fiables en ce qui concerne la demande à venir de grains fourragers en Chine, on peut raisonnablement supposer que les importations massives seront un jour inévitables. Jusqu'à l'année dernière, la Chine était en fait exportatrice de maïs (11 millions de tonnes en 1993, 9 millions en 1994), l'essentiel de ces exportations provenant des excédents de Mandchourie. Les importations nettes de 1995 résultent, elles, de l'interdiction faite aux autorités de Mandchourie d'exporter leurs surplus à l'étranger. Cette même année, 4 millions de tonnes de maïs du Jilin étaient donc réexpédiées vers les provinces méridionales de la Chine, complétées par 5 millions de tonnes importées de l'étranger.

Ce tournant présage-t-il des importations de maïs allant croissant dans un proche avenir ? Il est certes trop tôt pour l'affirmer.

Ce qui est, par contre, certain, c'est que les autorités chinoises sont déterminées à faire tout leur possible pour augmenter la production intérieure de grains, réduire au minimum les importations, même au prix de pertes d'avantages comparatifs quant au choix des productions agricoles.

Claude Aubert, « L'agriculture chinoise : pour une approche régionale »,
dans *Déméter 97/98 - économie et stratégies agricoles*,
Paris, Armand Colin, 1997, pp. 101-102.

■ La réforme des entreprises d'État

Quatre interrogations demeurent fondamentales à nos yeux pour assurer la réforme des entreprises d'État. Premièrement, la réforme de la fiscalité et du système de protection sociale. Ces deux chantiers ont débuté en 1994 et, malgré difficultés et contradictions, semblent aller de l'avant. Deuxièmement, se pose la question de la réforme du système bancaire et financier, et, par extension, celle des rapports entre la bureaucratie et les entreprises. On ne peut envisager une privatisation à grande échelle des grandes entreprises sans une réforme du secteur bancaire, afin qu'il soit capable à la fois d'assurer à moyen et long terme le financement de la modernisation technologique des entreprises, et de jouer son rôle de conseiller et de contrôleur en matière d'investissements et de gestion. Dans l'état actuel des réformes, le secteur bancaire ne joue pas ce rôle. L'État propriétaire saura-t-il se substituer au secteur bancaire défaillant? Concernant l'apport de fonds, l'État propriétaire peut très bien assurer ce rôle en utilisant les instruments qui lui permettent de centraliser et d'orienter les ressources financières nécessaires des secteurs industriels clefs. Mais saura-t-il, en tant que propriétaire, se garder d'une ingérence dans la gestion des entreprises et juger à sa place de ce qui est bon pour son avenir? Si l'on considère l'histoire et l'état présent du fonctionnement de la bureaucratie chinoise, là réside une interrogation fondamentale qui nous renvoie au choix qui sera effectué concernant le rapport de tutelle. C'est sur ce point que les arguments des partisans de la privatisation sont les plus percutants. Troisièmement, il nous semble important de s'interroger sur la capacité des entreprises d'État à tirer parti des transferts de technologie pour amorcer une accumulation de capacités technologiques leur permettant d'accéder à des productions à plus forte valeur ajoutée dans le cadre de la globalisation croissante des industries. C'est une des réalisations fondamentales du développement industriel du Japon et des quatre petits dragons asiatiques. [...] Les entreprises d'État devront, à moyen terme, conquérir leur autonomie décisionnelle en matière de développement technologique face à leurs partenaires étrangers. Enfin, quatrièmement, se pose le problème des ressources humaines nécessaires au développement des entreprises d'État. Il existe une pénurie de gestionnaires rompus aux techniques de gestion modernes qui est accentuée par l'attrait de l'émigration ou d'un emploi mieux rémunéré dans les entreprises étrangères installées en Chine. Sur ce problème comme dans les précédents, les capacités intrinsèques des entreprises d'État ne sont pas les seules en cause. Que cela soit dans l'effort volontariste effectué dans le système éducatif, le décloisonnement des marchés du travail, la réalisation d'une véritable réforme du système bancaire, ou de la poursuite d'une politique industrielle et technologique, le rôle de l'État sera déterminant.

Jean-François Huchet et Yan Xiangjun, « Les entreprises d'État chinoises à la croisée des chemins », dans Claude Aubert *et al.* (dir.), « La Chine après Deng », *Tiers-Monde*, Paris, 1996, 147, pp. 624-625.

9
La ville chinoise en question

Les villes chinoises ont une histoire longue de plusieurs siècles, voire de plusieurs millénaires. Le taux d'urbanisation a fortement augmenté sous la République populaire, même si la Chine reste un pays majoritairement rural : il est estimé aujourd'hui à 30 % avec une surreprésentation des grandes villes.

L'armature urbaine concentre les plus grandes métropoles le long du littoral, dans une grande part héritage de la période moderne (1842-1949). Après une phase d'industrialisation volontaire, notamment des villes de l'intérieur dans les années 1950, la politique urbaine qui a été menée jusqu'en 1978 n'a que peu marqué les bâtis hérités, excepté Pékin, et l'espace urbain s'est structuré suivant une organisation cellulaire fondée sur les unités de travail.

Les réformes ont replacé les villes chinoises au cœur des stratégies de développement. Des schémas directeurs ont été mis sur pied pour répondre aux besoins en transports, en logements, et l'espace urbain fait l'objet d'une spécialisation fonctionnelle. Les autorités municipales entendent moderniser leur ville et, pour les principales agglomérations littorales, les inscrire au nombre des grandes métropoles asiatiques, voire mondiales.

Le bâti urbain chinois est profondément renouvelé depuis deux décennies. Ses caractéristiques architecturales, historiques et sociales ont souvent tendance à disparaître devant les opérations immobilières et la construction de bâtiments accolés les uns aux autres sans le souci d'une harmonisation paysagère de la ville.

La politique du patrimoine qui est menée depuis quelques années se limite trop souvent à la préservation de bâtiments isolés, ou elle peut légitimer la construction d'ensembles architecturaux neufs à vocation touristique.

Les villes chinoises sont des kaléidoscopes. Elles reflètent en un seul point les héritages de l'histoire chinoise, les attentes actuelles des différentes couches de la société et les ambitions de la Chine des réformes : elles sont un objet traditionnel de méfiance et d'envie du monde paysan; elles concentrent historiquement les pouvoirs politiques et économiques – renforcés par le régime communiste; leur bâti témoigne de la modernisation occidentale de l'époque moderne; aujourd'hui, leurs artères se colorent d'une société de consommation en plein essor; elles ont pris l'initiative et sont les vitrines d'un développement où les inégalités sociales se creusent; des tours, des complexes d'hôtels, de bureaux ou d'appartements les verticalisent et transforment leur silhouette, hier horizontale, en une ligne constamment heurtée d'opérations immobilières accolées, simplement distendues par des rocades routières souvent surélevées.

En fait, l'évolution actuelle des villes chinoises pose avec acuité la question de leur identité, de leur sinité. Dans les années 1990, une politique du patrimoine s'est progressivement mise en place, sauvegardant certains bâtiments symboles, créant de toutes pièces de fausses rues typiques pour touristes, faisant table rase du reste. Les villes chinoises sont-elles donc destinées à devenir des métropoles banales dont la seule spécificité se limitera sous peu à des quartiers réservés, à de simples Chinatowns en pleine terre de Chine? À cette interrogation, l'observateur des transformations de grandes villes aux identités jusqu'à peu si fortement marquées comme Pékin ou Shanghai ne peut répondre avec certitude par la négative.

Acteurs privilégiés du développement et de l'ouverture, les villes chinoises, grandes ou petites, resteront bien plus marquées par les transformations économiques, les réformes urbaines et les réalisations urbanistiques de l'époque ouverte par Deng Xiaoping qu'elles n'ont été touchées par les mesures antiurbaines et productivistes des trente premières années du régime. Les municipalités ont pu, depuis vingt ans, définir les cadres de schémas directeurs dans les blancs desquels les initiatives de chacun, légales ou non, heureuses ou non en matière urbanistique, ont pu jouer quasi librement. Cette désarticulation foncière, fonctionnelle et paysagère actuelle, dont on ne sait si elle aboutira à une nouvelle harmonie au terme du pas amorcé aujourd'hui, transcrit aussi sur l'espace la multiplication des acteurs urbains et de leurs interventions d'intérêts plus souvent particuliers que généraux.

Les pratiques de la ville suppléeront-elles la banalisation morphologique de l'espace urbain chinois? Mais, ces pratiques elles-mêmes, dans quelle mesure relèvent-elles plus de la culture chinoise que du système économique et social qui a régi *mutatis mutandis* la ville depuis 1949?

Les villes chinoises sont le lieu condensé des enjeux démographiques, économiques, sociaux et politiques auxquels est confrontée la Chine après deux décennies de réformes. En cela, il est bien difficile d'identifier les logiques qui l'emporteront.

Un seul fil rouge unit certainement les villes chinoises, de Xi'an à Shenzhen, de Pékin à Chongqing, de Foshan à Nansha : la modernisation d'un pays en développement suivant des critères urbains largement inspirés de l'Amérique du Nord, dans le contexte d'une intégration certes au système économique mondial mais qui prétend également garder au territoire son identité nationale.

UNE ARMATURE URBAINE HÉRITÉE

Les villes de la Chine des Han ont toutes une histoire longue de plusieurs siècles, voire de plusieurs millénaires. En témoignent les monographies locales, les traces de murailles aujourd'hui trop souvent détruites, les temples confucéens ou bouddhistes, les jardins anciens.

À l'origine, les villes chinoises devaient abriter le pouvoir politique, l'empereur ou son représentant. Elles étaient initialement des centres administratifs et militaires, dont les fonctions économiques et sociales ne se sont développées que progressivement. Même si, de l'extérieur – et à l'extérieur –, nous percevons le monde chinois à travers un peuple de commerçants, il faut aussi souligner le mépris culturel que portaient la caste des fonctionnaires et les élites cultivées pour le commerce et ses acteurs. Un réseau de bourgs-marchés, et des villes commerciales et artisanales, voire industrielles, se sont ensuite développés : dans le Jiangnan, Jingdezhen est un centre important de production de porcelaine, Songjiang est spécialisée dans le tissage du coton et Suzhou dans la soierie de luxe au XVIe siècle.

En fait, l'épanouissement économique des grandes villes et une réorganisation de l'armature urbaine en fonction du développement économique correspondent toujours à des périodes d'ouverture du pays sur l'étranger, d'intégration le plus souvent littorale à un marché plus large que le marché chinois. Un tel phénomène se constate dès les Tang et surtout sous les Song, puis de nouveau après 1842, et enfin de nos jours. Au contraire, les périodes de repli territorial, de fermeture de la Chine aux influences étrangères, sont l'occasion, pour l'État, de renforcer son pouvoir, de centraliser les décisions, de contraindre les villes à une plus forte dépendance vis-à-vis du Centre – et de la capitale – contre une solidarité régionale avec leurs alentours.

Pour autant, l'armature urbaine chinoise a été définitivement marquée par l'époque moderne avec l'ouverture forcée de la Chine après la première guerre de l'Opium. Les facteurs économiques l'ont emporté définitivement sur le rôle administratif des villes ; ils ont créé un déséquilibre régional au profit du littoral que les stratégies de développement des premières années du régime n'ont pu renverser ni même significativement atténuer.

Dans la Chine moderne, Shanghai affirme sa suprématie démographique et économique contre Pékin et contre la capitale traditionnelle de la basse vallée du Yangtsé – également capitale politique de la République chinoise de 1927 à 1937 –, Nankin. La population de Shanghai, qui était de 690 000 habitants en 1865, atteint 2 millions en 1920 et 5 millions en 1949. La ville est devenue en moins d'un siècle le pôle industriel et commercial le plus important de la Chine.

D'autres grandes villes portuaires se sont développées à cette époque, sur la côte (Dalian, Tianjin, Qingdao, Hong Kong) ou le long du Yangtsé (Wuhan, Chongqing). En lien avec les transports et la modernisation industrielle, de grandes villes apparaissent à des carrefours ferroviaires (Zhengzhou, Xuzhou, Shijiazhuang, Harbin, Shenyang) ou avec l'exploitation de mines : Fushun et Benxi dans le Liaoning, Tangshan dans le Hebei, Datong et Taiyuan dans le Shanxi, Jiaozuo dans le Henan et Pingxiang dans le Jiangxi.

Les villes moyennes de l'intérieur, les capitales de province de la Chine centrale, ne connaissent pas un tel essor et les troubles politiques de la première moitié du XXe siècle n'ont pas facilité leur désenclavement.

En 1949, la Chine possède six villes millionnaires, toutes situées dans les régions côtières : Shanghai, Tianjin, Pékin, Nankin, Canton et Shenyang. Wuhan, Hong Kong, Hangzhou et Qingdao ont entre 500 000 et 1 million d'habitants.

L'URBANISATION CONTEMPORAINE

La Chine connaît une urbanisation sensible après l'établissement de la République populaire.

❑ ***Une croissance récente de l'urbanisation.*** Son taux d'urbanisation était très bas en 1949, avec 58 millions de citadins, soit un taux inférieur à 11 %. Les politiques d'industrialisation et de développement des villes menées dans les années 1950 font que la population urbaine augmente et atteint 131 millions en 1960, soit un taux avoisinant 20 %. Mais, à la suite du Grand Bond en avant, et de l'afflux de paysans dans les villes, les autorités ont procédé à un renvoi massif de ces populations dans les campagnes : la population urbaine diminue en valeurs absolues entre 1960 et 1963, pour ensuite croître très faiblement jusqu'au lancement des réformes. En 1982, le taux d'urbanisation chinoise est de 21 %, avec 215 millions de citadins.

❑ ***Le tournant des réformes denguistes.*** Les réformes denguistes correspondent alors à une nouvelle phase d'urbanisation de la Chine : 251 millions de citadins en 1985, soit un taux de 24 % ; puis, 302 millions en 1990, soit un taux qui atteint 26 %.

En 1982, les seules cités étaient au nombre de 236 : 3 municipalités de rang provincial, 115 municipalités de rang préfectoral et 118 municipalités à l'échelon du district. Elles correspondaient à une population urbaine estimée de 145 millions de personnes, et 2664 bourgs regroupaient 61 millions de personnes (30 % du total). L'armature urbaine témoignait d'une surreprésentation des cités et notamment des grandes villes.

Lors du recensement de 1990, ce déséquilibre s'avère renforcé : la population des cités, entre 1982 et 1990, augmente de 46 % contre 39 % pour celle des bourgs. La Chine comptait 461 cités avec une population urbaine de 211 millions de personnes, et plus de 11392 bourgs abritaient 85 millions d'habitants (29 % du total).

Dans les années 1990, les statistiques suggèrent, par contre, un ralentissement de la croissance de la population urbaine officiellement enregistrée. En 1997, elles estiment en effet à 370 millions la population des cités et des bourgs, soit seulement 23 % de plus qu'en 1990. Sur cette base, le taux d'urbanisation actuel chinois serait de 30 %. Si l'on ajoute à ce chiffre les « populations flottantes », par définition non enregistrées, que les chercheurs chinois évaluent à 80 millions de personnes, le taux réel d'urbanisation pourrait en fait avoisiner 36 %.

Au total, on le voit : la Chine reste un pays majoritairement rural, mais elle a connu un net rattrapage urbain depuis la fin des années 1970, et ses espaces ruraux les plus développés se structurent autour de bourgs dont les apparences et les fonctions urbaines s'imposent toujours plus à leur environnement.

LA MODERNISATION ACTUELLE

Les réformes chinoises ont progressivement replacé les villes au cœur des stratégies de développement. Les autorités centrales, les pouvoirs municipaux, les aménageurs urbains se lancent tous azimuts dans la promotion des grandes métropoles littorales et des villes destinées à être des pôles de croissance pour les régions intérieures de la Chine (Wuhan, Chongqing).

❑ ***Les autorités politiques, promoteurs de l'internationalisation des villes.*** Il n'est aujourd'hui question que de modernisation urbaine, de grands projets d'aménagements fondés sur de nouvelles voies de transports intra-urbaines et sur la construction de nouveaux quartiers périphériques devant doubler les cœurs historiques (Pudong à Shanghai, Tianhe à Canton).

Les discours officiels vantent l'internationalisation urbaine en cours, que permettent l'attraction des capitaux et des entreprises étrangères, de services notamment (banques, grands distributeurs...), et le développement rapide des technologies les plus modernes, images mêmes du succès chinois – commun ou particulier, avec pour exemple l'inévitable omniprésence du téléphone portable.

Les autorités des grandes métropoles chinoises ont pris conscience des exigences de la mondialisation et de son corollaire, la métropolisation. Leurs villes prétendent intégrer aujourd'hui le club des grandes métropoles asiatiques voire mondiales, et elles se livrent aujourd'hui à une concurrence entre elles, qui risque aussi de creuser à l'échelle locale l'écart avec leurs régions immédiates.

Pour ce faire, les villes chinoises ont connu depuis deux décennies un desserrement du contrôle de l'État et un abandon de la planification économique, une multiplication et une diversification des acteurs urbains, une exigence grandissante de rentabilité pour les entreprises et d'enrichissement pour les individus, l'apparition de standards de confort en lien avec le développement économique du pays et avec les images de Hong Kong et des grandes métropoles d'Amérique du Nord, du Japon ou d'Europe que véhiculent les médias.

Parallèlement, depuis les années 1980, le discours des dirigeants, jusqu'alors anti-urbain, a changé. Les autorités reconnaissent dans les villes, grandes et moyennes, des pôles de croissance indispensables à l'avenir du pays.

❑ ***Répondre aux défis de l'urbanisation.*** Des schémas directeurs, établis par des architectes et des urbanistes aujourd'hui réhabilités, doivent répondre aux défis que connaissent dorénavant toutes les villes chinoises, des métropoles comme Shanghai aux villes de l'intérieur comme Chengdu ou Xi'an, aux petites villes et aux bourgs développés : des densités démographiques trop élevées pour le parc urbain en présence, une nécessaire réforme du logement, le rajeunissement du bâti et la diversification de ses fonctions, un trafic automobile en constante augmentation que le rythme de création des nouvelles voies de transports suit difficilement, une pollution urbaine qui s'aggrave.

❑ ***Une vigoureuse politique du logement*** s'est traduite par une croissance significative de la surface habitable. Entre 1979 et 1997, la Chine a construit plus de trois milliards de mètres carrés de logements urbains. La surface de plancher moyenne par habitant était de 3,6 m^2 en 1978 ; elle passe à 6,7 en 1990 et à 8,8 m^2 en 1997. Même si elle n'a pas résolu le problème en son entier – encore en 1995, on estimait à plus de 3 millions les foyers « très mal logés » –, cette politique a globalement permis une amélioration sensible des conditions de confort dans les logements, et une distinction mieux marquée entre les espaces communs des immeubles et les espaces proprement privés.

Elle s'est surtout appuyée sur une progressive privatisation du logement, et sur une redistribution spatiale des ensembles d'habitations visant une déconcentration démographique des centres-villes et une spécialisation des différents espaces urbains.

Les citadins chinois sont aujourd'hui de plus en plus nombreux à être propriétaires de leur logement. La politique officielle du gouvernement est de mettre fin au système d'attribution des logements par les unités de travail, et les efforts actuels se traduisent par une privatisation du parc des logements et l'essor récent de sociétés immobilières indépendantes.

Parallèlement, les citadins sont contraints, pour un grand nombre, de quitter les centres-villes et de gagner les banlieues périurbaines ou des quartiers périphériques en plein développement comme la nouvelle zone de Pudong aujourd'hui reliée par des tunnels et des ponts à l'ancienne ville de Shanghai. De tels transferts de populations ne vont pas non plus sans excès de la part des promoteurs locaux, et les municipalités tentent d'intervenir aujourd'hui pour limiter ces abus.

❑ ***La spécialisation fonctionnelle de l'espace urbain.*** Plus largement, l'espace urbain chinois tend aujourd'hui à une spécialisation fonctionnelle. Des CBD (*Central Business Districts*) sont projetés par les schémas directeurs. Les axes commerciaux sont des foyers d'intense fréquentation. Les zones de développement industriel sont distinguées plus systématiquement des nouveaux quartiers résidentiels. Les aéroports et les ports se multiplient, ils s'adaptent à la croissance constante des trafics. La fièvre immobilière entraîne enfin de plus en plus la création de véritables zones résidentielles constituées de villas ou d'appartements en périphérie des villes, zones résidentielles qui peuvent être entourées de murs et de grilles avec des postes de gardiennage.

PAYSAGE ET PRATIQUES DE LA VILLE

Le trait le plus frappant de l'évolution urbaine actuelle tient certainement aux signes d'une nouvelle société de consommation. Ceux-ci se traduisent par le renouveau ou la création de nouvelles grandes artères commerçantes, où les foules chinoises se pressent et dont l'impact sur le paysage urbain est sans équivalent.

❑ ***Tianjin, un cas révélateur.*** Les équilibres visuels des rues principales de Tianjin ont ainsi été bouleversés : la rue Binjiang a perdu le caractère européen de l'ancienne concession au profit d'une multitude de boutiques et de grands magasins dont l'architecture correspond banalement aux standards modernes (lignes simples, verre) ou à des habillages néo-classiques – une sorte de kitsch gréco-romain ; la perspective était hier dominée par une cathédrale catholique avec deux dômes en forme de bulbe, mais, aujourd'hui flanquée de chaque côté par deux grands centres commerciaux qui la dominent et l'encadrent de vastes panneaux publicitaires, la cathédrale a perdu son prestige et disparaît enfin derrière la passerelle piétonnière Coca-Cola qui traverse la nouvelle voie routière de la rue de Nankin.

Parallèlement, la vieille ville chinoise de Tianjin, après avoir vécu un temps dans l'espoir d'une restauration, disparaît rapidement. Le Nouveau Monde, un gigantesque complexe commercial dominé par Carrefour, impose ses couleurs saumon et son architecture postmoderne à son voisin immédiat, le temple ancien de Confucius.

❑ ***Les réactions ambivalentes des habitants.*** L'attitude des populations locales face à de telles mutations est ambivalente. Les personnes les plus âgées regrettent plus encore les anciennes sociabilités des quartiers centraux que les bâtiments détruits ou les rues élargies. Mais, le plus souvent, les populations acceptent finalement leur délocalisation en périphérie des villes, si elles n'en restent toutefois pas trop éloignées, car les nouveaux logements auxquels elles accèdent sont plus grands et plus confortables que les anciens.

❑ ***Les nouveaux lieux de sociabilité.*** Enfin, la ville chinoise redécouvre la fréquentation de lieux de sociabilité que la nationalisation du commerce privé au début du régime et le compartimentage spatial des unités de travail urbaines avaient supprimés. Les restaurants, relevant d'entreprises collectives ou privées, chinoises ou étrangères – une brasserie Flo s'est ouverte à Pékin en 1999 –, et les boîtes de nuit, avec l'inévitable karaoké, offrent à chacun la possibilité d'inviter – à des tarifs chinois – des amis ou des parents, de leur montrer sa richesse et par là sa réussite sociale. Les plaisirs de la bouche et des yeux s'accompagnent alors d'une véritable reconnaissance sociale. Dans une société où le groupe joue traditionnellement un rôle très lourd, ces restaurants, bars ou boîtes permettent aussi de se rencontrer dans des lieux neutres et anonymes.

Pour les plus fortunés, ou dans des occasions exceptionnelles (mariage, anniversaire, invitation par un chef d'équipe de ses collaborateurs), l'hôtel est devenu, dans les années 1980, un lieu central de sociabilité et de diffusion d'une modernité pensée comme occidentale à travers les comportements, l'apprentissage de nouvelles cuisines et de nouveaux loisirs. Au-delà de l'hébergement, les hôtels, dont les hôtels étrangers sont tenus bien sûr pour les meilleurs, avec leurs lobbies, leurs bars, leurs restaurants, leurs centres d'affaires et leurs bureaux, sont des lieux où l'on invite un partenaire économique (chinois ou étranger), où l'on met sur pied un contrat. Ils sont surtout une vitrine du développement chinois, qui permet de ne pas inviter chez soi ou dans les bâtiments nécessairement moins luxueux de son entreprise, et par là de garder la face vis-à-vis de son interlocuteur.

DISPARITÉS URBAINES OU L'IDENTITÉ PERDUE ?

Il faut également souligner que l'espace actuel de la ville chinoise enregistre de nouvelles ségrégations socio-spatiales qui vont s'accentuant avec la restructuration urbaine. Ces ségrégations se trouvent à l'échelle de la ville ou de l'agglomération par un zonage de l'espace et une conquête des centres-villes par les opérateurs immobiliers et les entreprises, qui chassent en périphérie une large part des populations locales. Elles existent également à des échelles plus fines entre les nouvelles tours et le bâti ancien, reflétant également des écarts de revenus et de fortes différences dans le niveau d'intégration à une économie et une société appelées à toujours plus se moderniser et s'ouvrir sur l'étranger.

❑ ***Espace urbain et inégalités sociales.*** De tels contrastes dans le paysage urbain et les inégalités sociales sont d'autant plus frappants que les villes ont connu un développement récent et soudain. Ainsi, Chongqing, ville étroite, imbriquée dans la confluence du Yangtsé et de son affluent le Jialing, surtout fortement pentue, n'a plus rien de l'ancienne capitale de guerre du Guomindang, entre 1938 et 1945. Ville éponyme de la nouvelle municipalité de rang provincial, elle témoigne actuellement de profonds bouleversements : l'espace urbain est restructuré, redistribué sur les rives nord et sud de ses deux rivières ; de nombreuses opérations immobilières s'accompagnent de la construction de nouvelles voies de transports surélevées en périphérie de la vieille ville ; mais ce développement ne doit pas non plus tromper, il laisse encore dans les marges urbaines des rues sales et proprement miséreuses, et même les anciennes artères principales ne sont souvent restaurées qu'en façade, autour notamment de l'incroyable hôtel du Peuple – qui mêle au gigantisme soviétique des années 1950 une architecture chinoise traditionnelle s'inspirant tout à la fois de la Cité interdite et du temple du Ciel à Pékin.

❑ ***Le manque d'harmonie des nouveaux paysages urbains.*** Enfin, la ville chinoise, enjeu des spéculations immobilières, résiste mal à un développement qui, une fois la voirie mise en place conformément aux schémas directeurs, est anarchique. Les urbanistes imposent difficilement leurs lois dans le dessin architectural, la hauteur et le volume des bâtiments. Les promoteurs ont, dans les faits, pleine liberté de construction au sein du terrain dont ils se sont portés acquéreurs. Aucun souci d'harmonisation paysagère ne commande leurs réalisations, et la restructuration procède essentiellement de constructions accolées les unes aux autres avec pour seule contrainte le tracé de larges voies ignorantes du tissu ancien. La rue commerçante de Wangfujing à Pékin a ainsi été totalement transformée ces dernières années au mépris de toute authenticité. Elle comprend aujourd'hui de vastes magasins et complexes commerciaux ou de bureaux, dont le plus monumental est certainement celui du milliardaire hongkongais Li Ka-shing à l'angle de la rue Wangfujing et de l'avenue Chang'an.

❑ ***Un patrimoine urbain en sursis?*** Dans le cadre d'une politique – tardive – de protection du patrimoine, le souci de sauvegarder une identité chinoise aux villes peut parfois l'emporter comme avec la nouvelle avenue Ping'an. Mais l'élargissement de l'avenue a donné lieu, plus qu'à la restauration, à la construction de bâtiments neufs de faible hauteur, dont l'architecture se veut conforme à la tradition pékinoise. Là encore, l'authenticité est ignorée. Une telle démarche pousse d'ailleurs jusqu'aux limites de l'absurde : les barres de bureaux de dix étages qui longent l'avenue ont été pareillement masquées, sur deux niveaux seulement, d'étroits bâtiments de style pékinois. Il est enfin à craindre que les réalisations de l'avenue Ping'an ne résistent pas à moyen terme aux pressions des sociétés immobilières qui ont financé l'élargissement de l'avenue, et qu'elles entraîneront dans leur destruction une partie des hutong qui les bordent.

On le voit : les villes chinoises, confrontées à l'émergence d'une économie de marché, d'une libéralisation foncière, d'une spécialisation fonctionnelle de leur espace, de nouvelles ségrégations socio-spatiales, et à une remise en cause profonde de leurs identités architecturales et culturelles, deviennent toujours plus violemment des vitrines des contradictions des réformes et de l'ouverture chinoises. Comme dans la période moderne, l'avenir de la Chine – et du régime – se joue en fait dans les possibilités que se laisseront les autorités de permettre un passage sans heurt grave des villes héritées vers une société urbaine moderne.

SHANGHAI

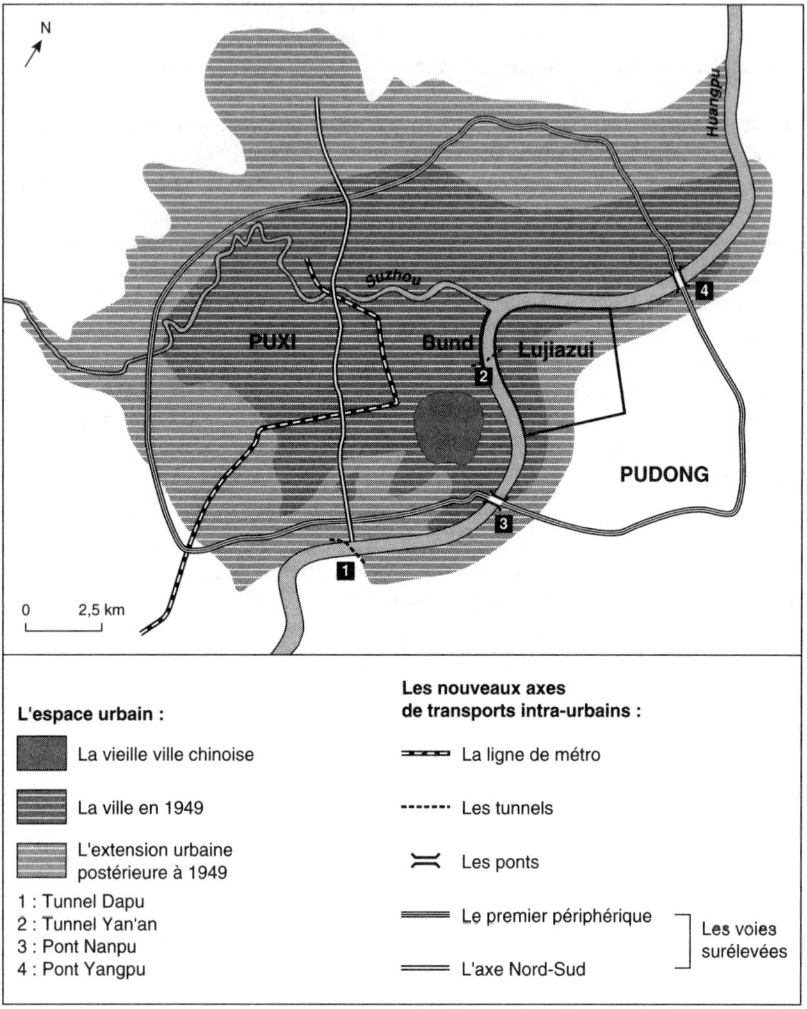

D'après Yan Zhongmin, *in* Victor F. S. Sit (dir.), *Chinese Cities,* Hong Kong, Oxford University Press, 1988, p. 104 ; Roger C.K. Chan, *in* Yue-man Yeung et Yun-wing Sung (dir.), *Shangai,* Hong Kong, The Chinese University Press, 1996, p. 305 ; et Guillaume Giroir, *in* Jean-Pierre Larivière (dir.), *op. cit.*, p. 175.

■ Shanghai dans les années 1990

Préserver le caractère culturel (*fengmao*) et reconstruire les quartiers (*gaizao*) résument la ligne de conduite adoptée. La « cité commerçante et touristique du jardin Yu » (*Shanghai Yuyuan lüyou shangcheng*), d'une emprise de 49 hectares, a été inaugurée en septembre 1994, après deux ans d'études et de travaux. Les alentours du jardin Yu, du pavillon de thé – Huxingting – et du temple du dieu de la ville – Chenghuangmiao – ont été entièrement remodelés. Le principe directeur était de pouvoir accueillir une capacité maximale de 500 000 ou 600 000 visiteurs, ce qui est le lot des sites touristiques les plus connus, les jours fériés.

Le parcellaire exigu et les ruelles de la vieille ville chinoise ont été agrandis. Le travail sur les espaces de circulation a primé, le « vide » des rues l'a emporté sur le « plein », le bâti. Comme dans tout changement d'échelle, les constructions d'un ou deux étages n'ont pas résisté au nouveau regroupement parcellaire, non plus qu'à l'élargissement des ruelles voisines. Les habitants sont passés au second plan. Les plus vieux se réunissent à l'extérieur de ce nouveau quartier, en dehors du périmètre défini par de grands magasins, véritables pastiches ou parodies, qui les écartent de leur culture shanghaïenne.

L'architecture de la région du Jiangnan a servi de référence pour définir le caractère culturel de « la cité commerçante et touristique ». En façade, ce souci s'est traduit par des murs blancs, des tuiles noires, le travail minutieux des menuiseries ajourées. Mais le faux n'a pas même l'apparence du vrai : la structure des espaces publics et l'adéquation des volumes à leur fonction sont arbitraires, évoquant un vaste complexe de « chinoiseries » qui pourrait se situer dans n'importe quelle *Chinatown* occidentale. La continuité historique n'est pas au rendez-vous, les éléments structurants de l'architecture du Jiangnan sont omis. Les caractéristiques évidentes de Nanshi, l'ancienne ville chinoise, l'intimité de ses ruelles et les façades de bois peintes en rouge délavé, ne trouvent pas d'écho dans le quartier rénové du jardin Yu. Les constructions nouvelles hautes de quatre à cinq niveaux affichent des détails qui relèvent de l'architecture traditionnelle. À ce titre, la transmission du savoir-faire artisanal est appréciable. Néanmoins, celui-ci appartient plus au vocabulaire architectural d'une ville comme Suzhou, la « Venise chinoise », qu'à Shanghai.

La fonction touristique a été privilégiée au détriment du site même et des habitants du quartier. [...]

[Dans les quartiers centraux de Shanghai], la municipalité cherche à garder le contrôle des nouvelles implantations, à réguler l'offre et la demande. Les enjeux évoluent rapidement, les réglementations également. Aux abords du Bund, qui fait partie du patrimoine protégé, les immeubles de grande hauteur ont été un temps proscrits avant d'être de nouveau autorisés avec l'objectif de créer le CBD. L'achèvement de nombreuses tours de bureaux en centre-ville commence à faire baisser les prix de l'immobilier en 1996. L'année précédente, les autorités municipales ont interdit la cession de parcelles pour la construction de bureaux en centre-ville et, désormais, l'utilisation de logements ou de chambres d'hôtel comme bureaux est strictement contrôlée.

La municipalité tente parallèlement de limiter les abus dont sont victimes les habitants. Les relogements sont circonscrits à des secteurs qui ne doivent plus être en grande banlieue ou mal desservis. Lors de la rénovation du quartier du jardin Yu, les habitants ont été déplacés de l'autre côté de la rive, à Pudong. Les premiers investissements, de Hong Kong, Taiwan, Singapour ou du Japon, acquéraient des parcelles sur des sites stratégiques – rues très commerçantes, près du métro – et imposaient aux habitants une décision sous huit jours. Soit ils acceptaient une indemnité forfaitaire, mais qui ne leur permettait pas de se loger dans le centre, soit ils étaient relogés loin du centre-ville. L'opération était doublement profitable aux investisseurs et aux autorités locales qui se targuaient ainsi de fournir rapidement des appartements à leur population. Les déplacements massifs de population ne se font pas sans heurts, quoique les mouvements épars de protestation des habitants ne trouvent guère d'échos dans les colonnes de la presse. Pour juguler toutefois une résistance préjudiciable à l'avancement des travaux, la ville impose des règles de relogement. Ainsi, la construction en grande banlieue de logements pour les habitants déplacés est pénalisée par l'obligation de construire une surface double ou triple de celle démolie en centre-ville.

La mainmise de la municipalité sur l'aménagement urbain, la réglementation et la gestion du logement permettent l'ampleur des grands chantiers actuels. Le pari ambitieux, maintes fois formulé, devient envisageable : fournir aux Shanghaiens 8 à 10 m^2 de surface habitable par personne avant la fin du siècle. De plus, Shanghai a réussi la double gageure de faire accepter l'impopulaire réforme du logement à ses habitants et aux autorités centrales, qui l'ont prise pour modèle. Le pari était difficile dans une métropole où les citadins étaient de longue date les plus mal logés du pays, et où la modicité des loyers était considérée comme un avantage social. Mais la rançon est amère puisque l'animation du centre-ville est réservée aux investisseurs plutôt qu'à ses acteurs, les Shanghaiens.

Françoise Ged, « Shanghai, du patrimoine identitaire au décor touristique »,
dans « Patrimoine et modernité », *Les Annales de la recherche urbaine*,
Paris, 1996, 72, pp. 83-88.

10
Mégalopolisation et nouvelles campagnes

Les mutations actuelles des campagnes chinoises mènent à un éclatement du monde rural. Les disparités régionales en termes de niveaux de développement et d'intégration économiques s'aggravent. Les campagnes les plus dynamiques diversifient leur production agricole en fonction des besoins urbains et connaissent une industrialisation qui s'appuie sur les entreprises des bourgs et des cantons.

De nouveaux équilibres entre les villes et leurs campagnes se mettent en place le long du littoral chinois. Les avantages économiques et sociaux que les villes offraient dans le système socialiste des trente premières années du régime disparaissent progressivement, quand les campagnes, surtout périurbaines, ont largement profité de la décollectivisation et des nouvelles libertés de production. Aujourd'hui apparaissent des espaces ruraux mixtes, intégrant des campagnes agricoles, des bourgs industriels et de petites villes, où la distinction classique entre le strictement rural et l'urbain n'est plus possible.

De véritables régions rurales où l'orientation industrielle l'emporte sur l'agriculture émergent le long de la côte chinoise : le delta de la rivière des Perles, le delta du Yangtsé, la région de Pékin-Tianjin, et le Liaoning entre Shenyang et Dalian. Ces régions correspondent-elles au type des mégalopoles asiatiques ?

Les réformes économiques et sociales menées en Chine depuis 1978 ont profondément affecté les rapports de force locaux entre les villes sièges traditionnels du pouvoir, cela de l'Empire à la période maoïste, et leurs campagnes.

❑ ***L'industrialisation des espaces ruraux.*** Le facteur déterminant du développement contemporain qu'a été l'industrialisation a privilégié la densification des lieux de production de biens de consommation au sein des espaces ruraux et dans les régions souvent littorales, au rebours de la politique d'industrialisation lourde concentrée dans les villes de l'intérieur qu'avait favorisée le régime communiste pendant une trentaine d'années suivant le modèle soviétique. Par là même, les campagnes chinoises, certes surpeuplées, sont devenues, dans les années 1980, des lieux d'initiatives économiques et d'enrichissement tant pour les paysans qui ont bénéficié de la décollectivisation que pour ceux qui se sont tournés vers les usines et les services en plein essor dans les villages et les bourgs ruraux.

Le long du littoral, des types nouveaux d'espaces ruraux fortement intégrés au réseau urbain chinois émergent ainsi aujourd'hui.

❑ ***Un nouvel équilibre ville/campagne.*** Un nouvel équilibre s'est fait jour entre les villes et les campagnes chinoises. Aux yeux des ruraux, les villes ne présentent plus les avantages sociaux qu'elles avaient sous le régime de l'économie collective, et elles ne se sont véritablement engagées dans l'économie de marché qu'après 1984. Surtout, de nouvelles formes spatiales apparaissent. L'industrialisation des campagnes et l'autonomisation de fait des plus riches se traduisent par une urbanisation qui multiplie les pôles urbains de développement à travers un maillage dense de bourgs, successeurs fréquents des centres agglomérés des anciennes communes populaires. Les campagnes en mutation perdent ainsi, pour partie, leur caractère agricole et rural au profit d'une floraison de zones industrielles, de nouvelles infrastructures de transports, de noyaux urbains dynamiques et de leurs extensions périurbaines.

Des espaces démographiquement pleins passent aujourd'hui d'un dualisme ville/campagne qu'avait conforté le régime communiste à un polymorphisme où se côtoient et se complètent métropoles, villes, bourgs urbano-industriels et campagnes.

❑ ***Les mégalopoles chinoises.*** Une telle mutation spatiale affecte notamment les espaces côtiers de la Chine, et plus particulièrement des entités régionales topographiquement et économiquement cohérentes, qui transgressent les strictes frontières administratives : la région de la basse vallée du Yangtsé au niveau de Shanghai et Nankin; celle du delta de la rivière des Perles entre Canton, Hong Kong et Macao; celle que dessinent Pékin, Tianjin et Tangshan; enfin, celle qui se trouve au sud de la Mandchourie, centrée sur Shenyang et Dalian.

Selon T.G. McGee et Norton Ginsburg, ces régions ne relèvent d'ailleurs pas des seules spécificités chinoises, mais elles peuvent être rapprochées de configurations spatiales similaires en Asie. Outre la bien connue mégalopole japonaise, d'autres espaces mégalopolitains se dessinent en Chine, à Taiwan, en Corée du Sud, en Indonésie, en Thaïlande, en Inde…

Surtout, si ces espaces rappellent par leur étendue et leur imbrication d'espaces ruraux et urbains le cas analysé par Jean Gottmann – la Mégalopolis nord-américaine qui va de Boston à Washington –, ils en diffèrent par de communes caractéristiques asiatiques : exode rural absent ou faible, maintien de fortes densités de population en continu, développement non agricole des espaces ruraux, complémentarité plus que subordination entre ces espaces ruraux et la ville, apparition de formes mixtes qui ne relèvent plus ni du strictement rural ni du radicalement urbain.

Des critères d'analyse sont proposés concernant ces mégalopoles asiatiques ou – suivant une terminologie de plus en plus couramment employée – de ces *desakota**, terme issu des notions indonésiennes de *desa* – rural – et *kota* – urbain –, et il est possible de dresser une typologie à même de distinguer entre les différentes formes qu'elles prennent dans les pays asiatiques étudiés. Une telle analyse permet en fait de souligner les écarts de ces régions d'Asie au modèle états-unien initial, et leur profil singulier au sein même de leurs contextes nationaux. Elle est surtout un outil précieux pour évaluer concrètement, à l'occasion d'exemples extrêmes, les mutations des rapports ville/campagne dans une Chine et – plus largement – une Asie en plein bouleversement, et pour les rattacher à la culture et à l'histoire de cette partie du monde.

LES CITÉS INTERDITES

❑ ***Une prépondérance urbaine traditionnelle.*** Une image facile fait de la Chine un immense pays rural, généralement pauvre, dominé par des villes sièges du pouvoir politique et économique qui, pour les unes, auraient maintenu jusque récemment leurs hautes murailles et qui, pour les autres, feraient fonction de métropoles littorales ouvertes sur l'étranger depuis la seconde moitié du XIXe siècle.

Toute caricature est simplificatrice et insatisfaisante, mais elle exprime aussi une part de réalité : ici les rapports de force entre les villes et les campagnes qu'a effectivement hérités la Chine d'un passé singulièrement lourd. Rappelons toutefois que ces relations ont également été, dans l'histoire, celles d'une complémentarité économique (cultures vivrières, commerciales et artisanat d'une part, diffusion du crédit, des techniques et de biens divers d'autre part) entre un tissu local dense fait de petites villes-marchés, de bourgs ruraux et de villages, et les villes préfectorales ou sous-préfectorales – à l'échelon du district. Mais il est vrai que la fonction politique surtout est restée, sous l'Empire, confisquée par une administration fondamentalement urbaine dont l'échelon le plus local restait le chef-lieu du district.

Contrairement aux apparences du discours maoïste, même à l'heure de son paroxysme – durant la Révolution culturelle –, les trente premières années du régime communiste n'ont fait qu'accroître la dichotomie entre les villes chinoises et le monde rural. Les murailles physiques furent souvent détruites, alors que le pouvoir dressait de nouveaux remparts – invisibles cette fois. Une centralisation autoritaire et planifiée a fait de la ville le pivot de la vie politique, économique et sociale du pays. Le contrôle par l'État et le Parti communiste est descendu, depuis la ville, jusqu'au niveau du canton rural. Nous avons vu combien l'encadrement de la population chinoise s'est resserré très nettement, avec la création des comités de citadins et des comités de villageois.

❑ ***Les avantages socialistes d'être citadin.*** L'appartenance à la ville s'est surtout, dans cette période, accompagnée d'une myriade d'avantages matériels par lesquels le Parti s'attachait les classes urbaines. Être citadin, c'était avoir accès aux magasins d'État et aux services urbains; appartenir à une unité de travail – usine, administration publique... –, c'était bénéficier d'une protection sociale privilégiée (logement à faible loyer, services éducatifs et médicaux gratuits, avantages divers, retraite assurée...). S'il y eut les excès de la Révolution culturelle, l'envoi à la campagne de nombre d'intellectuels et souvent une lente détérioration des conditions de vie due à un renouvellement insuffisant des parcs de logements urbains, la période maoïste a néanmoins été un âge d'or pour la société urbaine chinoise.

❑ ***L'exode rural impossible.*** Quadrillé par les communes populaires, le monde rural restait, lui, exclu des avantages accordés à la ville, et l'image positive qu'il avait d'elle devint plus forte encore que sous l'Empire. Les tentatives d'exode rural ont été suivies, après le Grand Bond en avant, par un renvoi forcé des paysans des villes.

Surtout, le pouvoir mit en place un système rigide de maintien des populations dans les campagnes. Tant pour éviter l'explosion démographique des grandes villes que pour assurer une production alimentaire de base par une main-d'œuvre rurale restée très majoritairement agricole – 69 % de la population active relevait encore du secteur primaire en 1980 –, les autorités ont institué le registre civil (*hukou*), qui correspond à un livret obligatoire de résidence indiquant notamment l'activité économique, et qui interdisait *de facto* les migrations depuis la campagne ou le chef-lieu de la commune populaire vers les échelons supérieurs de la hiérarchie urbaine. Après 1978, dans la pratique, seul un faible nombre de ceux qui, parmi les paysans, pouvaient assurer leur autosuffisance alimentaire ont été autorisés à migrer.

Depuis, avec un affaiblissement du contrôle administratif et les opportunités nouvelles qu'offre le monde du travail urbain, les villes chinoises ont grossi sans cesse de populations dites flottantes, non identifiées, qui viennent y chercher des travaux ponctuels – pour une semaine, un jour ou quelques heures – et vivent dans des conditions précaires hors des cadres offerts encore aujourd'hui par les entreprises urbaines ou achetés désormais par les nouvelles classes citadines enrichies.

LA RECOMPOSITION DES ÉQUILIBRES VILLE/CAMPAGNE

❑ ***Le monde rural, premier bénéficiaire des réformes.*** En fait, dans les années 1980, la véritable mutation est venue du monde rural lui-même. Dès lors que les communes populaires ont été démantelées et les terres redistribuées aux familles paysannes, les premiers effets des réformes se sont traduits par un enrichissement significatif des campagnes. Les paysans ont pu progressivement cultiver ce qu'ils voulaient et dans les quantités qu'ils jugeaient utiles. Une intensification de la production agricole s'est doublée d'un déclin relatif des cultures de base (céréales) au profit de productions plus rentables (légumes, fruits, volaille, fleurs...) que les paysans pouvaient vendre à prix libres aux citadins.

Surtout, au contraire d'un monde des villes qu'étouffait un bâti surdensifié et vieilli, et qui est resté longtemps marqué par le carcan d'une économie collective, les paysans pouvaient, eux, non seulement augmenter leurs revenus, mais aussi se faire construire des maisons spacieuses, trouver une liberté nouvelle par rapport aux autorités et contourner plus aisément les objectifs de la politique chinoise de contrôle des naissances. Ces avantages se sont accrus au fur et à mesure que tombaient ceux de la ville, avec la remise en question du système du « bol de fer » et la volonté de l'État de rentabiliser les entreprises publiques.

❑ ***Les disparités croissantes au sein des campagnes.*** Il ne faudrait toutefois pas croire que le monde rural s'est transformé uniformément. Les réformes ont bien au contraire aggravé les disparités en son sein, cela jusqu'à l'éclatement. Il comprend aujourd'hui des niveaux de développement et d'intégration économique très divers, qui vont d'espaces agricoles périurbains prospères jusqu'aux campagnes reculées et déshéritées des vallées de l'intérieur chinois.

❑ ***Les succès des périphéries agricoles des moyennes et grandes villes.*** Une telle évolution a profité, avant tout, aux périphéries agricoles des moyennes et grandes villes, principalement côtières. Les rapports de force entre ces périphéries et leurs centralités urbaines ont été bouleversés dans les années 1980. Les Shanghaiens voyageant dans le train qui mène à Suzhou montraient avec envie, il y a dix ans, les planes campagnes alentour que ponctuaient les nouveaux bâtiments d'un ou deux étages des fermes des paysans enrichis.

L'INDUSTRIALISATION RURALE

❑ ***Une deuxième révolution rurale*** s'est ajoutée à cela, qui a, là encore, profité prioritairement aux campagnes aux environs des moyennes et grandes villes côtières (Canton, Wenzhou, Shanghai, Nankin, Pékin...). Les communes populaires furent généralement transformées en bourgs, et leur disparition fut l'occasion d'orienter une large part de la production rurale, non plus seulement vers l'agriculture, mais aussi vers la fabrication de biens de consommation destinés aux marchés extérieurs, qu'ils soient locaux, nationaux ou internationaux. Alors que l'idéologie maoïste les condamnait précédemment à l'autarcie économique, les réformes autorisèrent les usines de production et de réparation des anciennes communes populaires à fabriquer pour un marché intérieur chinois qui s'est rapidement développé depuis vingt ans et pour l'exportation.

❑ ***Le rôle clé des entreprises des bourgs et des cantons.*** Les entreprises des bourgs et des cantons ont connu un essor rapide. Leur nombre est passé de 1,4 million en 1980 à respectivement 19 et plus de 20 millions en 1990 et 1997.

Initialement orientées vers l'industrie et l'agriculture, elles ont vu la part du secteur primaire s'effondrer et le tertiaire se développer progressivement.

L'industrie restait toutefois l'activité prépondérante en 1997. Même si ce secteur ne représentait plus que 19 % du nombre des entreprises des bourgs et cantons, contre 71 % dans le commerce et les services à l'échelle de la Chine, l'industrie employait toujours 47 % des 131 millions de travailleurs de ces entreprises, contre 38 % pour le commerce et les services ; et, surtout, la part de l'industrie dans la valeur ajoutée totale de ces entreprises – 2074 milliards de yuans – était de 58 %, contre seulement 32 % dans le commerce et les services.

Les autorités locales – gouvernements de districts, de bourgs et de cantons – sont généralement les propriétaires de ces entreprises. Elles les ont fait profiter des réseaux de solidarité politique qu'elles tirent du régime en place pour faciliter tant leur approvisionnement en matières premières depuis les provinces de l'intérieur que leur rayonnement commercial, et elles les ont utilisées pour offrir des emplois industriels, puis tertiaires, aux populations locales.

❑ ***La multiplication des entreprises industrielles.*** Dans les campagnes les plus développées, ce sont surtout les usines qui se sont multipliées. La part de l'industrie dans la valeur ajoutée des entreprises des bourgs et des cantons de l'ensemble formé par Shanghai, le Jiangsu et le Zhejiang, était de 84 % contre 12 % au commerce et aux services divers en 1997 ; les chiffres étaient respectivement de 49 et 43 % pour l'ensemble Pékin, Tianjin et le Hebei ; de 79 et 11 % pour le Guangdong. Localement, les bourgs ont pu se spécialiser dans telle ou telle production : ici des réfrigérateurs ou des ventilateurs ; là des meubles, des jouets ou des parapluies... Ils ont développé des zones industrielles, construit de nouvelles infrastructures de transport (ponts, routes, ports, parfois autoroutes et aéroports...) et, grâce aux profits, réaménagé l'espace urbain de leur territoire administré.

Dans les régions littorales, nombre de paysans se sont ainsi tournés vers une double activité, puis vers un unique emploi dans les entreprises du bourg, alors que leur femme ou des ouvriers agricoles venus parfois des provinces intérieures prenaient la relève dans les champs. Une politique de l'État a, sur ce point, prolongé l'ancien système des registres civils en encourageant les paysans à « quitter la terre sans quitter la campagne ».

LES MÉGALOPOLES CHINOISES

De nouvelles formes spatiales sont dès lors apparues dans les régions chinoises de forte densité de population qui se sont le plus développées dans les années 1980. De larges espaces ruraux ne sont plus que très secondairement agricoles. Leurs paysages ont été remodelés en fonction des concentrations industrielles situées généralement au niveau des noyaux agglomérés que sont les bourgs et les villages en expansion. Les centres chefs-lieux de bourgs deviennent de petites villes, avec quelques hauts buildings (siège du gouvernement local, hôtels...), avec de larges artères qui intègrent commerces, bureaux et logements, avec des extensions industrielles et résidentielles, avec enfin des infrastructures sportives et de loisirs.

❑ ***Des espaces ruraux intégrés à l'économie urbaine.*** Les régions les plus développées de la côte ne voient plus ainsi une confiscation du développement économique au profit des moyennes et grandes villes chinoises, mais bien plutôt une densification, au niveau des bourgs anciennement ruraux, de pôles de croissance intégrant des caractères urbains dans un contexte resté largement rural. L'ambivalence de ces bourgs tient à ce qu'ils ne sont plus seulement des prestataires de services pour le monde rural auquel ils appartiennent, mais aussi des centres industriels et tertiaires intégrés à une économie proprement urbaine d'échelles régionale, nationale et parfois internationale.

Cette mutation des campagnes chinoises les plus développées est surtout d'échelle proprement régionale. Espaces ruraux, villages et bourgs industrialisés, moyennes et grandes villes constituent des ensembles territoriaux économiquement solidaires. Des réseaux humains d'information commerciale, de diffusion des capitaux, des nouvelles technologies et des produits, s'appuient sur tous les niveaux de la hiérarchie urbaine.

❑ ***La notion de « mégalopole » appliquée à l'espace chinois.*** Au vu de cette urbano-industrialisation des campagnes chinoises, la notion de mégalopole prend tout son sens. Serions-nous face à l'émergence, dans les régions de Shanghai-Nankin, du delta de la rivière des Perles, de Pékin-Tianjin ou de Shenyang-Dalian, de nouvelles régions urbaines dont les solidarités internes et l'échelle géographique pourraient s'assimiler à celles des mégalopoles nord-américaine et japonaise ? D'autre part, ces mégalopoles chinoises présenteraient-elles des caractéristiques proprement asiatiques, communes à la Chine, au Japon, à la Corée du Sud, à l'Indonésie et à l'Inde, qui rompraient ainsi avec le cas analysé par Gottmann ?

Ce qui est certain, c'est qu'il ne s'agit pas ici de « métropoles étendues », de métavilles tentaculaires qui absorberaient leurs environs immédiats – banlieues, périphéries urbaines, villes-satellites, espaces ruraux ou rurbanisés... – dans un système spatial et économique monocentré, mais bien plutôt de « mégalopoles » au sens que leur a donné Gottmann.

La constitution de vastes régions urbaines polycentriques intercalant en leur sein des espaces ruraux est à l'origine des nouvelles configurations spatiales que l'on observe dans bon nombre de régions – souvent littorales – de l'Asie : la mégalopole japonaise ; Séoul-Pusan ; Taibei-Kaohsiung ; Shanghai-Nankin, Hong Kong-Canton, Pékin-Tianjin ; Jakarta-Bandung ; Bangkok ; Delhi, Calcutta et Bombay...

❑ ***La singularité des mégalopoles asiatiques.*** Mais, à la différence de la mégalopolis nord-américaine, les espaces ruraux asiatiques intégrés dans ces régions urbaines ne peuvent se réduire à des périphéries vidées de leur population et réappropriées par la ville dans un processus d'étalement urbain. Ces espaces gardent au contraire de fortes densités de population en continu et un caractère sinon agricole, du moins rural, en transition vers ce que l'on pourrait appeler le « strictement urbain ».

En l'absence d'un exode rural réel, des liens originaux se nouent alors entre les moyennes et grandes villes, et leurs périphéries rurales ponctuées de petites villes, de bourgs et de villages, et articulées par des infrastructures routières et industrielles.

Si la mégalopolis nord-américaine, suivant Gottmann, est un tissu dense de villes, un vaste espace urbain d'échelle régionale entrecoupé ponctuellement par des terres vides (forêts, espaces de loisirs...), les mégalopoles asiatiques sont, au contraire, des régions pleines d'hommes et d'activités extra-agricoles hors même des strictes limites urbaines.

La croissance industrielle et urbaine des pays asiatiques n'aurait pas été – ou ne serait pas –, comme dans les pays développés occidentaux, le moment d'une explosion urbaine par le délaissement drastique des campagnes, mais celui d'une densification économique globale d'espaces d'échelle mégalopolitaine.

❑ ***Les facteurs de développement de ces mégalopoles.*** Les facteurs explicatifs de ce processus avancés par McGee en Asie sont au nombre de six, et retrouvent les analyses classiques de la littérature tropicaliste francophone : les régions en question étaient des foyers de fortes densités de population dès avant la Seconde Guerre mondiale, et une large partie de leurs populations comptaient des petits exploitants agricoles – se consacrant souvent à la riziculture ; les activités non agricoles (commerce, transports, industrie...) ont été ici traditionnellement présentes, dans le cadre des foyers familiaux ; l'essor actuel de ces mégalopoles tient à une fluidité et à une mobilité des populations grandement facilitées par la révolution des transports ; l'utilisation du sol y est intensive et très diversifiée ; la part du travail féminin est importante dans l'économie non agricole de ces régions ; enfin, si les zones rurales développent des activités non agricoles, elles ne sont pas pour autant soumises à la législation urbaine, ce qui réduit les coûts de production et engendre l'épanouissement d'un secteur informel.

❑ ***Typologie des espaces de la mégalopole.*** Dans le détail, des types d'espaces existent au sein de la région type qu'est la mégalopole asiatique. Le système spatial d'une région asiatique se constituerait de villes principales et des espaces périurbains qui les prolongent, mais aussi de couloirs de fortes densités de population entre ces pôles dont les activités répondent étroitement aux lois de l'économie urbaine – et qui correspondent aux mégalopoles asiatiques proprement dites. Enfin, des espaces ruraux densément peuplés à orientation agricole s'inscriraient dans les interstices de cette architecture spatiale.

Afin de rendre compte des hiérarchies spatiales en présence et de distinguer ces sous-types spatiaux, des critères peuvent être avancés, qui sont fondés sur la nature agricole/non agricole des activités développées, et la part des agriculteurs dans la population active des territoires en question.

Par là même, McGee distingue quatre types d'unités spatiales qui vont de la plus à la moins urbaine : 1) les unités spatiales qui ont *plus* de 50 % de leur PIB relevant des activités non agricoles et *plus* de 50 % de leur main-d'œuvre engagée dans des activités non agricoles ; 2) les unités spatiales qui ont *plus* de 50 % de leur PIB relevant des activités non agricoles et *moins* de 50 % de leur main-d'œuvre engagée dans des activités non agricoles ; 3) les unités spatiales qui ont *moins* de 50 % de leur PIB relevant des activités non agricoles et *plus* de 50 % de leur main-d'œuvre engagée dans des activités non agricoles ; 4) enfin, les unités spatiales qui ont *moins* de 50 % de leur PIB relevant des activités non agricoles et *moins* de 50 % de leur main-d'œuvre engagée dans des activités non agricoles.

❑ ***Intérêts et limites de la lecture de McGee.*** Les limites de tels critères sont évidentes. Leur nature strictement économique interdit de saisir la réalité urbaine des territoires en question, et cela d'autant plus qu'il s'agit justement d'espaces en développement, en pleine transition du rural vers l'urbain. Les critères économiques sont eux-mêmes trop généraux et soumis à une trop fréquente incertitude statistique pour nous donner une image approchée de la réalité économique.

L'impossibilité de les appliquer est évidente dans le cas d'une région chinoise : le delta de la rivière des Perles. Leur utilisation n'entraîne pas en effet des différenciations suffisantes pour être significatives : seule une cité deltaïque – Qingyuan – échappait, en 1992, au premier type de cette grille d'analyse (plus de la moitié du PIB et de la main-d'œuvre relevait du secteur non agricole), et seul un district deltaïque – Qingxin –, au deuxième type (plus de la moitié du PIB relevait du secondaire et du tertiaire, mais plus de 50 % de la main-d'œuvre restait officiellement engagée dans des activités agricoles).

En fait, l'hypothèse de McGee vaut surtout pour ce qu'elle suggère. Nombre des transformations en cours – économiques, paysagères, sociales... – dans les campagnes chinoises sont intégrées dans la théorie des mégalopoles asiatiques. Cette hypothèse met justement l'accent sur la constitution de vastes régions métropolitaines dans un contexte d'industrialisation et d'urbanisation rapides en Asie. Un phénomène de mégalopole n'est dès lors pas réservé aux seuls pays développés occidentaux, et il présente ici des caractéristiques propres aux régions asiatiques, en lien avec leur histoire et leur culture. Les mégalopoles asiatiques semblent en outre concentrer une toujours plus grande part de la population et de l'activité économique de leurs pays et, par là même, leur évolution actuelle aggrave bien plus qu'elle ne résorbe les disparités territoriales à l'échelle nationale. L'Asie verrait enfin émerger un nouveau type de relations entre le rural et l'urbain, qui remet en cause cette dichotomie géographique traditionnelle.

Au regard de l'évolution du delta la rivière des Perles depuis 1978, nous pouvons surtout comprendre comment l'hypothèse de McGee peut être complétée, en Chine, par une remise en cause plus radicale de l'opposition entre l'urbain et le rural, par une prise en compte des facteurs politiques et micro-territoriaux du développement, et enfin par une perception moins économiste de la réalité urbaine dans les bourgs et villages des mégalopoles chinoises.

UNE FORME DE MÉGALOPOLE : LA RÉGION CANTONAISE

Le delta de la rivière des Perles correspond aux basses terres centrales de la province du Guangdong. Il a connu, parmi les régions chinoises, les plus forts taux de croissance économique dans les années 1980. Son orientation vers la production de biens de consommation et son ouverture à l'extérieur ont été facilitées par une politique du gouvernement central qui a clairement privilégié le Guangdong (création des Zones économiques spéciales de Shenzhen et Zhuhai, libéralisation économique...), et surtout par la proximité spatiale et culturelle de Hong Kong. Entre 1980 et 1992, la part du delta dans la production brute provinciale est passée de 58 à 72 %, et cette croissance s'est traduite par une nette industrialisation de son économie : le secteur secondaire représentait 91 % de la valeur de la production agricole et industrielle de la région au début des années 1990.

❑ ***Une industrialisation des villes et des campagnes.*** L'industrialisation, relayée ensuite par le tertiaire, ne s'est pas ici concentrée dans les seules villes deltaïques, bien que celles-ci aient eu un fort passé fondé sur l'artisanat, le commerce et l'industrie (Canton, Foshan, Jiangmen...). Le développement des années 1980 s'est bien plutôt traduit par l'industrialisation d'un espace régional largement rural, d'une superficie de 48 000 km^2. Les entreprises des bourgs et des cantons ont joué alors un rôle déterminant. Leur production totale est passée de 17 à 138 milliards de yuans entre 1985 et 1992 à l'échelle de la province, alors que leur nombre n'augmentait que de moitié, soit 1,3 million d'entreprises en 1992. Le delta de la rivière des Perles concentrait en son sein la plus grande partie de ces entreprises. La production deltaïque totale des entreprises des bourgs et des cantons représentait 69 % de celle de la province – 94 milliards de yuans – pour 34 % seulement des entreprises rurales de la province, soit 440 000 unités en 1992. L'industrie représentait enfin, à elle seule, 76 % de la production provinciale l'année suivante, le commerce 9 %, et l'agriculture moins de 1 %.

LE DELTA DE LA RIVIÈRE DES PERLES EN 1998

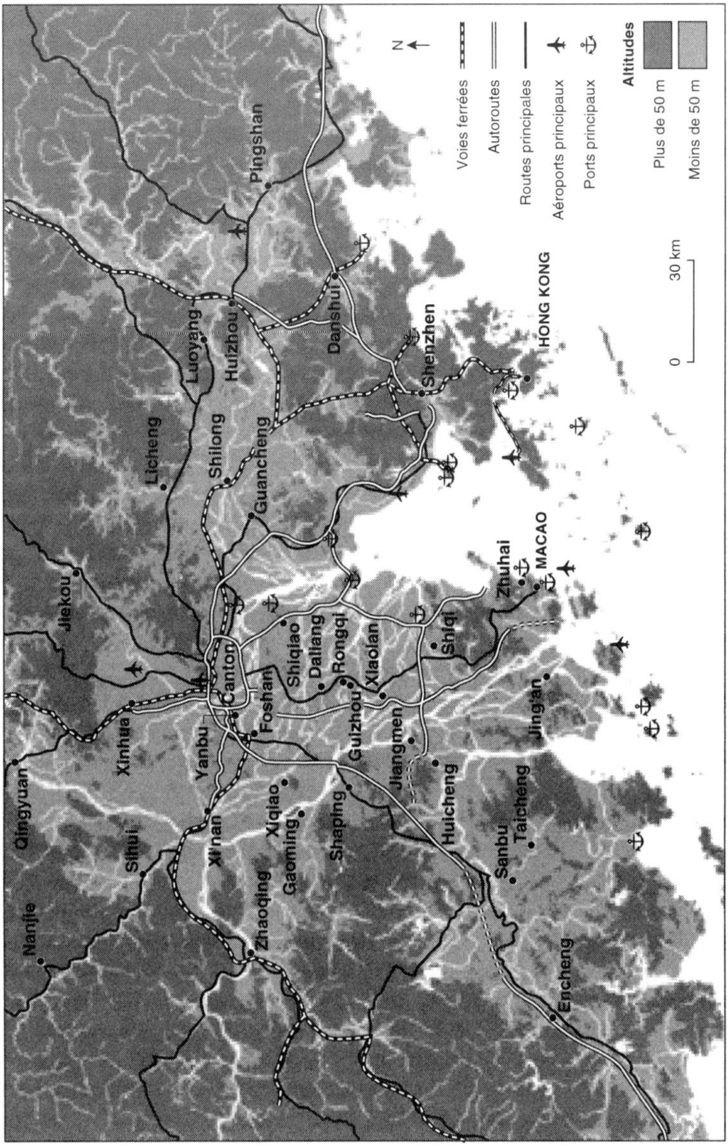

D'après Thierry Sanjuan, *in* Jean-Pierre Larivière (dir.), *op. cit.*, p. 257.

❑ ***L'importance des entreprises des bourgs et des cantons dans le développement deltaïque.*** Si, sur le nombre des entreprises rurales de la province, 86 % étaient privées en 1992, les entreprises relevant des structures collectives de villages et de cantons représentaient toutefois 43 et 26 % respectivement de la production de ce type d'entreprises. Surtout, l'écart entre la production moyenne des entreprises des cantons et les autres n'a pas cessé de se creuser : une entreprise de canton produisait en moyenne pour 2,4 millions de yuans en 1992, soit 22 fois la production moyenne de l'ensemble des entreprises rurales. En cela, l'industrialisation rurale a manifestement engendré des pôles économiques que l'on ne peut plus réduire à de simples unités de production prolongeant des traditions rurales et artisanales.

❑ ***La mégalopole cantonaise.*** Le cœur du delta de la rivière des Perles (districts de Nanhai, Shunde, Zhongshan, Panyu et Dongguan) réunissait, à lui seul, 34 % des entreprises rurales et 50 % de la production deltaïque. Ici, les formes de l'industrialisation et de l'urbanisation des campagnes par multiplication des noyaux urbains au niveau des bourgs ont été portées à leur plus extrême expression. Les fortes densités de population – 585 hab./km^2 pour les seuls résidents officiels – se sont accompagnées de l'essor d'une double activité, agricole et industrielle, puis d'une orientation industrielle et tertiaire des activités au sein d'une main-d'œuvre qui ne quittait pas pour autant la campagne.

Ainsi retrouvons-nous ici tous les éléments de l'urbano-industrialisation d'un ensemble régional équivalent à une mégalopole asiatique. L'occupation du sol y est très intensive – et âprement disputée – entre les différentes activités (agriculture, industrie, transports, résidence, hôtellerie et tourisme…), si bien que les autorités ont été obligées, en 1994, d'interdire la conversion des terres agricoles afin de ne pas aggraver les dépendances alimentaires de la région. L'interpénétration entre les espaces urbains et ruraux est sans cesse plus évidente, du fait de l'extension et du renouvellement des parcs urbains des bourgs locaux, et de la mutation de campagnes de moins en moins agricoles.

L'armature urbaine peut aussi rappeler, à première vue, la configuration spatiale proposée par McGee. Nous constatons en effet une forte hiérarchisation urbaine : un pôle urbain et économique prédominant – Hong Kong ; une grande ville – Canton – et des Zones économiques spéciales, qui apparaissent comme des villes-relais ; entre ces pôles, des continuums industriels mêlant petites villes, bourgs et espaces ruraux industrialisés – notamment le couloir urbano-industriel qui va de Hong Kong-Shenzhen à Canton ; enfin, des espaces ruraux restés agricoles.

❑ ***L'écart au modèle mégalopolitain.*** Pour autant, l'exemple du delta de la rivière des Perles s'écarte du modèle proposé sur plusieurs points.

L'espace régional n'évolue pas ici suivant des règles homogènes. La frontière laisse une relative indépendance politique et administrative à Canton, capitale traditionnelle du pays cantonais, par rapport à Hong Kong – même après la rétrocession de celle-ci en 1997. La configuration frontalière accuse surtout les différences de structures économiques qui demeurent entre une région de Chine continentale se développant à partir d'un système socialiste hérité et une métropole libérale au rayonnement international.

Il n'y a pas non plus stricte diffusion du développement à partir de pôles de croissance incarnés par les moyennes et grandes villes de la région. Certes, les bourgs ruraux du delta ont pu trouver les capitaux initiaux et moderniser leur production, puis la commercialisation de leurs produits, grâce à Hong Kong ou Canton. Mais l'impulsion véritable ne vient généralement pas des villes. C'est ici l'initiative des autorités locales, héritières des communes populaires, et le savoir-faire de populations historiquement formées aux cultures commerciales et à une production artisanale destinée à l'exportation hors du delta, qui ont été déterminants.

❑ ***Autonomie des bourgs et morcellement territorial.*** Dans le delta de la rivière des Perles, les villes sont présentes et elles restent des relais. Mais elles ne peuvent pas toujours remplir leurs fonctions à la satisfaction d'une région en plein boom économique : aussi les bourgs les plus prospères ont-ils eu tendance à construire leurs propres infrastructures de transports (routes, ports de marchandises et de passagers...) et de services (commerce, administration, hôpitaux, écoles...). Ils ont dès lors été amenés à court-circuiter la hiérarchie urbaine locale, qu'il s'agisse de la cité qui leur était immédiatement supérieure ou simplement de Canton, et à toucher les autres bourgs ou villes dont les services étaient plus avantageux pour eux. Nombre de bourgs deltaïques sont en contact direct avec les services portuaires de Hong Kong, avec la bourse, les sociétés d'import-export ou les entreprises industrielles de l'ancienne colonie.

La constitution d'une mégalopole cantonaise se fonde ici non pas sur une armature urbaine hiérarchisée qui mènerait de la métropole urbaine aux villes secondaires, puis à des espaces économiquement et morphologiquement mixtes, puis enfin à des espaces ruraux demeurés agricoles, mais bien plutôt sur une juxtaposition de territoires (cités, bourgs, villages) qui se développent en parallèle – et en rivalité –, et dont Hong Kong constitue progressivement le point d'union essentiel. En cela, le politique joue un rôle déterminant, en l'occurrence celui des autorités locales qui possèdent les entreprises des bourgs et des cantons : le développement ne vient pas ici de la ville mais il part de pôles initialement ruraux.

❑ ***Une rurbanisation tardive.*** Une redistribution résidentielle des citadins dans les périphéries rurales des moyennes et grandes villes a été enfin très tardive dans le cas du delta de la rivière des Perles. Elle s'est amorcée au début des années 1990 et n'a touché qu'un faible nombre de Cantonais, cela pour des raisons financières évidentes, mais aussi par manque d'infrastructures de transports ou de base pour la vie quotidienne dans les espaces périurbains. En outre, cette rurbanisation se traduit souvent par la création de zones résidentielles constituées de villas, protégées par de hauts murs et des gardiens, et isolées du monde rural environnant.

❑ ***La « déruralisation » économique.*** Sur ce point, l'interpénétration des modes de vie entre les grandes villes du delta et les espaces mixtes (petites villes, bourgs, campagnes) semble encore aujourd'hui très réduite. Il y a plus d'écart entre les modes de vie de Canton et ceux d'une ville secondaire – Zhaoqing – qu'entre cette même ville moyenne et les petites villes ou bourgs qui l'environnent. Si les noyaux urbains secondaires et les espaces ruraux du delta proposent à leurs habitants de meilleures conditions matérielles (logement...) et des salaires plus élevés, les activités de sociabilité, de restauration et de loisirs caractéristiques d'une grande ville ne s'y diffusent que lentement. Les mentalités des populations des bourgs restent éloignées de celles des citadins de Canton – et *a fortiori* de Macao ou Hong Kong.

Les nouveaux centres économiques que sont les Zones économiques spéciales en offrent des exemples extrêmes. La très dynamique zone industrielle de Shekou, qui dépend de Shenzhen et fait face à Hong Kong, a vu sa population augmenter de 144 à 50000 personnes entre 1979 et 1992 – avec, cette dernière année, 85 % de jeunes entre 27 et 35 ans. Sa production industrielle atteignait 3,35 milliards de yuans en 1991. Pourtant, le manque de services tertiaires et d'infrastructures récréatives en faisait un « désert culturel ».

En cela, il semble que nous soyons face moins à une urbanisation qu'à un processus de « déruralisation » économique des espaces ruraux dans le cas du delta de la rivière des Perles.

LE MONDE RURAL CHINOIS DES ANNÉES 1990

Au total, nous assistons actuellement à un éclatement du monde rural. Les campagnes chinoises connaissent des taux et des formes de développement très différents suivant qu'elles sont situées dans une région littorale ou à l'intérieur du pays, suivant leur intégration au marché urbain le plus proche, suivant le volume de ce marché et les choix de l'économie urbaine. Les plus dynamiques ont diversifié leurs productions agricoles en fonction des besoins des villes, et surtout réorienté leur économie vers une production industrielle qui leur permet de s'intégrer à un système économique d'échelles provinciale, nationale voire internationale.

❑ ***Les mutations économiques et spatiales des campagnes littorales.*** Les relations ville/campagne en Chine ont ainsi été bouleversées, depuis une vingtaine d'années, d'autant plus profondément que le pays sortait d'un système rigide et *de facto* pro-urbain. Aujourd'hui, de nouveaux équilibres s'expriment grâce à la libéralisation économique dont les campagnes ont profité et à l'industrialisation rurale qui l'a généralement suivie. L'essor des bourgs – ou « bourgification » – a affecté tout particulièrement les provinces littorales. L'ouverture sur l'étranger, l'industrialisation et la spécialisation des activités agricoles en lien avec les marchés urbains proches ont surtout recomposé des espaces d'échelle régionale en fonction des réseaux commerciaux, des routes, des ports. De nouvelles configurations spatiales se font jour, mêlant villes, bourgs urbanisés et espaces ruraux.

❑ ***La diversité des mégalopoles chinoises.*** Ces configurations présentent elles-mêmes des variantes fortes en Chine. Les régions de Shanghai-Nankin, de Hong Kong-Canton, de Pékin-Tianjin ou de Shenyang-Dalian fondent leur développement sur des armatures urbaines inégalement équilibrées, des semis urbains différemment denses, des choix d'industrialisation variant en fonction de leur propre tradition et de leur propre capacité à s'intégrer aux marchés extérieurs.

Mais, malgré ces différences, des régions émergent, s'individualisent et se distinguent progressivement du reste de leurs provinces d'appartenance par les nouvelles solidarités, tant internes qu'elles nouent entre leurs pôles de développement, qu'externes avec le système économique international. La basse vallée du Yangtsé articule un dense réseau de bourgs et de villages, rattachés par des villes moyennes à la métropole prédominante de Shanghai. La région urbaine dont les pôles principaux sont Pékin, Tianjin et Tangshan offre l'image d'une possible conurbation où les campagnes – moins densément peuplées – jouent un rôle qui n'est pas aussi déterminant que celles de Shanghai ou du delta cantonais. La région du Sud de l'ancienne Mandchourie reste structurée par des pôles urbains fortement industrialisés.

De telles régions répondent, dans leurs grands traits, à la configuration spatiale d'une mégalopole asiatique telle que la définit McGee. Néanmoins, nous avons vu que la nature et surtout les implications locales du développement du delta de la rivière des Perles rendent beaucoup plus complexe le processus de mégalopolisation. Si le delta, aujourd'hui, rompt physiquement avec la dichotomie classique entre l'urbain et le rural, il n'en connaît pas moins un morcellement structurel de son territoire, une décomposition de sa hiérarchie urbaine initiale, et un écart dans les modes de vie urbains qui reste grand entre Canton et tous les autres pôles urbains continentaux.

Or une telle évolution est à l'image du morcellement que le développement actuel impose à l'espace chinois en son entier.

DOCUMENT

■ La région du delta du Yangtsé

Considérons quelques districts typiques du delta du Yangtsé. Changshu est à seulement 100, 44 et 48 km des centres urbains les plus économiquement développés que sont respectivement Shanghai, Suzhou et Wuxi. Il s'agit d'un district densément peuplé, avec 867 hab./km², privilégiant la culture du riz et le coton. Dans les années 1970, le premier groupe d'entreprises de bourgs est créé sous l'influence des grandes villes voisines. Après 1978, un changement significatif dans la structure des industries rurales se produit. La part de l'agriculture dans l'économie rurale est tombée de 72,9 % en 1965 à 46,3 % en 1978, puis à seulement 21,8 % en 1983, alors que celle de l'industrie s'élevait de 7,8 % en 1965 à 71,1 % en 1983. En cinq ans, de 1978 à 1983, la plupart des bourgs du district ont réorienté leur production, qui, d'agricole, est devenue agricole et industrielle, puis simplement industrielle. En 1978, sur 33 bourgs dans le district, un seulement, dont la part de l'industrie excédait 60 % dans la valeur produite agricole et industrielle, était centré sur l'industrie. En 1983, le nombre des bourgs industriels atteignait 36. Dans la même année, le district de Changshu, avec une superficie de 1 291 km², était promu au rang de municipalité. Il est difficile de dire si le paysage de la municipalité de Changshu ressemble aujourd'hui plus à un espace urbain ou à un espace rural. [...]

Shanghai est le pôle de croissance et le port principal de cette région. Nankin, Hangzhou, Wuxi, Suzhou et Changzhou en sont d'autres centres urbains importants, et Ningbo et Nantong ont la fonction de ports secondaires. La voie ferrée qui relie Nankin, Shanghai, Hangzhou et Ningbo, le Grand Canal et le Yangtsé sont des axes de transports pour presque toute la région. Une autoroute entre Ningbo, Hangzhou et Shanghai est en plus en construction. La densité du réseau fluvial et autoroutier touche tous les espaces ruraux. Les vingt-deux municipalités et de nombreux bourgs et marchés ruraux de la région forment un réseau urbain complexe, et les interactions entre les espaces urbains et ruraux sont très fortes. Cette région ne correspond qu'à 1,4 % de la superficie totale du pays, mais sont concentrés ici 6,54 % de la population chinoise et 27,05 % de la valeur industrielle produite. La région de Shanghai, Hangzhou et Ningbo dispose des meilleures bases économiques, de la population la plus nombreuse et du territoire le plus large de toutes les régions métropolitaines imbriquées de Chine. Jean Gottmann tenait cette trame urbaine pour la sixième mégalopole du monde.

Yixing Zhou, « The Metropolitan Interlocking Region in China : a Preliminary Hypothesis », dans Norton Ginsburg *et al.* (dir.), *The Extended Metropolis - Settlement Transition in Asia*, Honolulu, University of Hawaii Press, 1989, pp. 94-97 et 99.

Conclusion

Le choix d'une transition économique a permis à la Chine d'éviter la rupture économique mais aussi politique et morale que la Russie tente aujourd'hui de surmonter avec peine. Le maintien et la prégnance des instances d'autorité issues du régime communiste dans la société se portent garants d'une unité du pays que l'histoire de la Chine, sa civilisation et ses traditions politiques ont toujours donné comme l'objectif premier. L'idée d'un destin commun n'est pas seulement l'instrument d'un pouvoir autoritaire résolument nationaliste par débâcle idéologique ; elle est également l'expression d'unc culture de la communauté et le lieu d'une force possible pour imposer le pays face à l'Occident, les États-Unis et le monde. La modernisation en cours s'est appuyée pour une large part sur des investissements étrangers, des transferts de technologies, des délocalisations industrielles, mais les autorités nationales, provinciales ou locales n'entendent pas pour autant livrer leur pays aux firmes multinationales et l'inscrire au nombre des pays en voie de développement, pâles acteurs d'un tiers-monde désarticulé par la mondialisation. Même s'ils empruntent des moyens fondamentalement opposés depuis le Grand Bond en avant maoïste où ils voulaient dépasser la Grande-Bretagne en dix ans, les dirigeants chinois ont ainsi gardé intacte l'ambition d'affirmer une prééminence de leur pays.

La puissance de ralliement des populations autour des réformes est également grande, et le mouvement lancé en 1978 peut se décliner au nombre des grands travaux du régime. Néanmoins, les réformes denguistes ne sont pas sans contradiction. Si elles n'ont pas procédé d'une rupture radicale, elles n'ont pas pour autant évité les saccades, les emballements, les retours en arrière ; leur tâtonnement fondamentalement pragmatique a surtout laissé la place à des initiatives locales et individuelles qui ont été autant des accélérateurs de la croissance par la décentralisation des pouvoirs de décision économique que des freins par le maintien d'un bureaucratisme trop souvent frappé du sceau de la corruption. L'inflation, le manque de clarté dans les objectifs que se sont assignés les dirigeants à moyen et long termes, les inégalités croissantes au sein de la société chinoise ont mené des populations le plus souvent urbaines issues des grandes métropoles à manifester leurs mécontentements, hier à travers les mouvements étudiants comme en 1986 et 1989, récemment à travers l'affirmation d'une secte de *qigong* d'inspiration bouddhiste et taoïste, le Falungong – dénoncée et interdite par les autorités en 1999.

Ce dernier exemple est d'ailleurs riche d'enseignement. Le 25 avril 1999, près de dix mille adeptes de la secte Falungong ont entouré pacifiquement, au vu et au su des forces policières chinoises, les instances du pouvoir central à Pékin. Surtout, cette secte a largement recruté parmi les membres du Parti communiste, parmi les déçus des réformes ou les plus idéalistes, hier exaltés par le projet maoïste, aujourd'hui déboussolés par le pragmatisme et le matérialisme ambiants, parmi également les plus âgés dont l'assistance et les soins deviennent sans cesse plus problématiques dans une Chine où se multiplient les cliniques privées.

En 1989, les étudiants, suivis des ouvriers et de larges franges des couches urbaines, réclamaient la démocratie. Qu'entendre par ce mot dans un pays dont la culture politique est étrangère à la démocratie parlementaire occidentale ? Les jeunes Chinois exigeaient par là un respect de la légalité, un exercice du pouvoir dégagé de la corruption et du népotisme érigés en règle à tous les niveaux, que des arguments culturalistes habillent bien difficilement ; ils exigeaient surtout d'être entendus par un pouvoir trop souvent septuagénaire, voire octogénaire.

Mais, aujourd'hui, qu'en reste-t-il ? Les dissidents chinois sont pour la plupart à l'étranger. Les succès de la société de consommation semblent avoir acquis au régime des populations dont les préoccupations sont prioritairement de mieux vivre et de préparer un avenir à leurs enfants. Les laissés-pour-compte des réformes, qu'ils soient ouvriers d'entreprises d'État, chômeurs ou personnes âgées, revendiquent le maintien ou l'obtention d'un travail, l'accès à une retraite et à des soins dignes. Surtout, l'immensité de la Chine intérieure et rurale ignore les standards occidentaux d'une vie démocratique ; son souci est bien plus de se battre contre les abus des cadres locaux. De telles conclusions ne peuvent toutefois pas nous empêcher de souligner la présence de camps de rééducation par le travail où les citoyens chinois sont jetés sans procès, de dénoncer les abus impunis d'une foule de petits chefs affublés d'un uniforme ou habillés du costume plus neutre du cadre local, de regretter les très fortes restrictions juridiques apportées par le Parti communiste *via* l'État chinois à la création d'associations et d'organisations autres que les siennes propres, et enfin de revendiquer pour les Chinois des contre-pouvoirs politiques efficaces.

L'avenir de la Chine n'est certainement pas hors de Chine, avec des dissidents désunis à l'étranger. Il n'est pas non plus dans des campagnes reculées et isolées. L'évolution du monde de la côte et des grandes métropoles sera déterminante pour l'avenir du pays. Déjà, des cadres de trente ou quarante ans, membres du Parti, disent à l'occasion qu'ils sont volontairement restés – ou revenus – dans leur pays, parce qu'ils attendent d'avoir l'âge d'influer sur le fonctionnement de l'État pour changer la situation politique actuellement bloquée. Mais à quel âge devient-on suffisamment vieux pour être écouté en Chine ?

Les défis de la Chine contemporaine pressent déjà : une démographie lourde d'une croissance continue dans les campagnes et d'une génération d'enfants uniques dans les villes, qui, celle-ci, devra faire face au vieillissement prochain de la population chinoise ; une urbanisation qui répond difficilement au surplus rural – malgré les phénomènes d'industrialisation rurale et de mégalopolisation dans certaines régions littorales –, et une modernisation économique et sociale réservée souvent aux plus grandes métropoles ; une restructuration économique handicapée par le poids de l'industrie lourde, les conséquences sociales de la réforme des entreprises d'État et le maintien d'un interventionnisme administratif à l'échelon aujourd'hui surtout local.

D'immenses progrès ont été accomplis depuis 1978, et les Chinois sont légitimement fiers de leur réussite matérielle. Mais les inégalités sociales et régionales se creusent sans cesse. La Chine littorale s'intègre à un espace économique mondial, quand les terres intérieures peinent à décoller et les territoires non han périphériques sont soumis à une tutelle politique répressive. Les sociétés urbaines voient leur unité, issue hier d'une commune et relative pauvreté économique, éclater au profit de certains – les cadres, les entrepreneurs les plus dynamiques, ceux qui ont une formation et qu'emploient des entreprises en lien avec l'étranger… –, alors que les autres trouvent leurs avantages réduits, leur logement parfois détruit par une opération immobilière à laquelle ils sont étrangers, et leur cadre de vie et les sociabilités qu'ils avaient nouées avec le temps remis en question par les transformations radicales des villes chinoises depuis vingt ans. Surtout, un bouleversement moral et culturel affecte la population chinoise : les plus anciens perdent leurs points de repère ; la génération qui fut celle des gardes rouges a – suivant l'expression chinoise – « plongé dans la mer », s'est lancée dans les affaires ; les jeunes qui n'ont connu que la Chine de Deng Xiaoping croient et œuvrent à une modernisation internationale de leur pays, dans les limites de leur formation, lourde énigme de la Chine de demain.

En fait, hier marquée par les pôles de modernité imposés par l'Occident après le traité de Nankin, puis par la restructuration en profondeur de l'espace et la société à laquelle les communistes ont soumis le pays durant les premières années du régime, la géographie de la Chine a été de nouveau renouvelée par les réformes, peut-être plus encore dans les années 1990 que dans les années 1980, avec les mutations saisissantes des villes chinoises. Des structures spatiales héritées ont rejoué, une organisation sociale en lien avec des traditions culturelles spécifiques est réaffirmée, une ouverture du pays à l'étranger et au monde chinois de l'extérieur rend solidaire le destin de la Chine actuelle d'un espace mondialisé. Pour autant, elles sont aujourd'hui orientées vers une modernisation intense mais très inégale – et sans retour ? – du territoire et de la société chinoise.

La géographie de la Chine n'a pas fini d'être transformée par le mouvement lancé par les autorités à la fin des années 1970. Ce qu'elle révèle aujourd'hui des conséquences de ce mouvement n'en est d'ailleurs qu'à son commencement. Les Chinois, dirigeants et populations, entendent élever leur pays – ou ses lieux les plus significatifs comme Shanghai – au rang des territoires chinois développés que sont Hong Kong, Taiwan ou Singapour, ou suivre les modèles offerts continûment dans les médias par les images de Tokyo, New York ou Los Angeles. Mais, quelle que soit son évolution, malgré les destructions patrimoniales auxquelles la modernisation peut donner lieu, et malgré l'aggravation des écarts régionaux sur un territoire où Shanghai, métropole internationale moderne, appartient au même pays que des villes de l'intérieur comme Changsha ou les campagnes perdues du Guizhou, sa spécificité humaine, historique et culturelle – revendiquée par les autorités – semble interdire à la Chine de devenir un simple pays du tiers-monde affilié au système-monde. Sa géographie humaine et régionale devrait au contraire se complexifier dans les années à venir, et accuser sans cesse son statut de grand pays – immense autant que puissant – dans une Asie aujourd'hui troisième pôle déterminant de l'espace mondial.

Annexe

LES PROVINCES CHINOISES EN 1997

Les provinces chinoises en 1997	**Superficie** (en km²)	**Population totale** (hab.)	**Densité** (hab./km²)	**Minorités** (hab.)
Fujian	121 400	32 820 000	270	
Guangdong	177 900	70 510 000	396	170 000
Guangxi (Zhuang)	236 700	46 330 000	196	17 640 000
Hainan	33 900	7 430 000	219	727 000
Hebei	187 693	65 250 000	348	1 079 000
Jiangsu	102 600	71 480 000	697	
Liaoning	145 900	41 380 000	284	1 230 000
Pékin	16 808	12 400 000	738	
Shandong	156 720	87 850 000	561	
Shanghai	6 341	14 570 000	2 298	
Tianjin	11 920	9 530 000	799	
Zhejiang	101 800	44 350 000	436	17 000
Total du littoral	**1 299 682**	**503 900 000**	**388**	**20 863 000**
Anhui	139 600	61 270 000	439	
Chongqing	82 000	30 420 000	371	1 566 000
Gansu	454 400	24 940 000	55	1 710 000
Heilongjiang	454 600	37 510 000	83	52 000
Henan	167 000	92 430 000	553	
Hubei	185 900	58 730 000	316	2 007 000
Hunan	211 800	64 650 000	305	3 757 000
Jiangxi	166 900	41 500 000	249	
Jilin	187 400	26 280 000	140	1 156 000
Shaanxi	205 600	35 700 000	174	
Shanxi	156 266	31 410 000	201	
Sichuan	488 000	84 300 000	173	3 167 000
Total de l'intérieur	**2 899 466**	**589 140 000**	**203**	**13 415 000**
Guizhou	176 100	36 060 000	205	8 090 000
Mongolie int. (Mongols)	1 183 000	23 260 000	20	4 744 000
Ningxia (Hui)	51 800	5 300 000	102	1 824 000
Qinghai	721 200	4 960 000	7	1 747 000
Tibet (Tibétains)	1 228 400	2 480 000	2	2 324 000
Xinjiang (Ouïghours)	1 650 000	17 180 000	10	10 580 000
Yunnan	394 000	40 940 000	104	10 889 000
Total de l'Ouest	**5 404 500**	**130 180 000**	**24**	**40 198 000**
Part du littoral	14 %	41 %		28 %
Part de l'intérieur	30 %	48 %		18 %
Part de l'Ouest	56 %	11 %		54 %
Total Chine	**9 603 648**	**1 236 260 000**	**129**	**74 476 000**

Les provinces chinoises en 1997	**PIB** (millions de yuans)	**PIB/hab.** (yuans/hab.)	**Capitaux étrangers** (dollars états-uniens)
Fujian	300 036	9 142	4 201 500 000
Guangdong	731 551	10 375	12 638 940 000
Guangxi (Zhuang)	201 520	4 350	930 640 000
Hainan	40 986	5 516	724 580 000
Hebei	395 378	6 059	1 107 080 000
Jiangsu	668 034	9 346	5 595 150 000
Liaoning	349 006	8 434	2 457 690 000
Pékin	181 009	14 598	1 627 450 000
Shandong	665 002	7 570	2 777 760 000
Shanghai	336 021	23 063	4 601 940 000
Tianjin	124 040	13 016	2 524 220 000
Zhejiang	463 824	10 458	1 547 540 000
Total du littoral	**4 456 407**	**8 844**	**40 734 490 000**
Anhui	266 995	4 358	452 620 000
Chongqing	135 010	4 438	452 710 000
Gansu	78 134	3 133	51 540 000
Heilongjiang	270 846	7 221	759 560 000
Henan	407 926	4 413	759 240 000
Hubei	345 024	5 875	853 310 000
Hunan	299 300	4 630	1 009 770 000
Jiangxi	171 518	4 133	487 970 000
Jilin	144 691	5 506	408 550 000
Shaanxi	132 604	3 714	637 960 000
Shanxi	148 013	4 712	280 760 000
Sichuan	332 011	3 938	310 200 000
Total de l'intérieur	**2 732 072**	**4 637**	**6 464 190 000**
Guizhou	79 298	2 199	64 060 000
Mongolie int. (Mongols)	109 452	4 706	130 610 000
Ningxia (Hui)	21 092	3 980	43 740 000
Qinghai	20 205	4 074	10 400 000
Tibet (Tibétains)	7 698	3 104	
Xinjiang (Ouïghours)	105 014	6 113	44 640 000
Yunnan	164 423	4 016	169 860 000
Total de l'Ouest	**507 182**	**3 896**	**463 310 000**
Part du littoral	58 %		85 %
Part de l'intérieur	36 %		14 %
Part de l'Ouest	7 %		1 %
Total Chine	**7 695 661**	**6 225**	**47 661 990 000**

Les provinces chinoises en 1997	**Exportations** (dollars états-uniens)	**Importations** (dollars états-uniens)	**Les exportations dans le total**
Fujian	11 014 430 000	8 240 930 000	57 %
Guangdong	75 949 690 000	56 629 630 000	57 %
Guangxi (Zhuang)	1 666 420 000	817 290 000	67 %
Hainan	792 090 000	1 133 080 000	41 %
Hebei	2 638 330 000	1 342 210 000	66 %
Jiangsu	14 433 070 000	10 937 350 000	57 %
Liaoning	8 110 310 000	6 661 310 000	55 %
Pékin	5 833 990 000	9 786 840 000	37 %
Shandong	11 717 080 000	8 242 010 000	59 %
Shanghai	14 767 270 000	15 598 390 000	49 %
Tianjin	5 180 610 000	5 516 520 000	48 %
Zhejiang	10 745 800 000	5 506 820 000	66 %
Total du littoral	**162 849 090 000**	**130 412 380 000**	**56 %**
Anhui	1 557 720 000	1 078 790 000	59 %
Chongqing			
Gansu	327 180 000	188 450 000	63 %
Heilongjiang	3 320 290 000	1 082 050 000	75 %
Henan	1 435 610 000	958 890 000	60 %
Hubei	1 692 960 000	1 514 670 000	53 %
Hunan	1 471 350 000	582 120 000	72 %
Jiangxi	892 430 000	335 730 000	73 %
Jilin	1 429 380 000	1 040 700 000	58 %
Shaanxi	1 029 090 000	679 130 000	60 %
Shanxi	1 969 740 000	451 870 000	81 %
Sichuan	1 866 060 000	1 754 820 000	52 %
Total de l'intérieur	**16 991 810 000**	**9 667 220 000**	**64 %**
Guizhou	473 240 000	241 470 000	66 %
Mongolie int. (Mongols)	588 940 000	379 950 000	61 %
Ningxia (Hui)	215 650 000	54 740 000	80 %
Qinghai	124 060 000	27 320 000	82 %
Tibet (Tibétains)	22 760 000	121 670 000	16 %
Xinjiang (Ouïghours)	408 250 000	852 880 000	32 %
Yunnan	1 022 840 000	603 180 000	63 %
Total de l'Ouest	**2 855 740 000**	**2 281 210 000**	**56 %**
Part du littoral	89 %	92 %	
Part de l'intérieur	9 %	7 %	
Part de l'Ouest	2 %	2 %	
Total Chine	**182 696 640 000**	**142 360 810 000**	**56 %**

L'ORGANISATION RÉGIONALE DE LA CHINE DES RÉFORMES

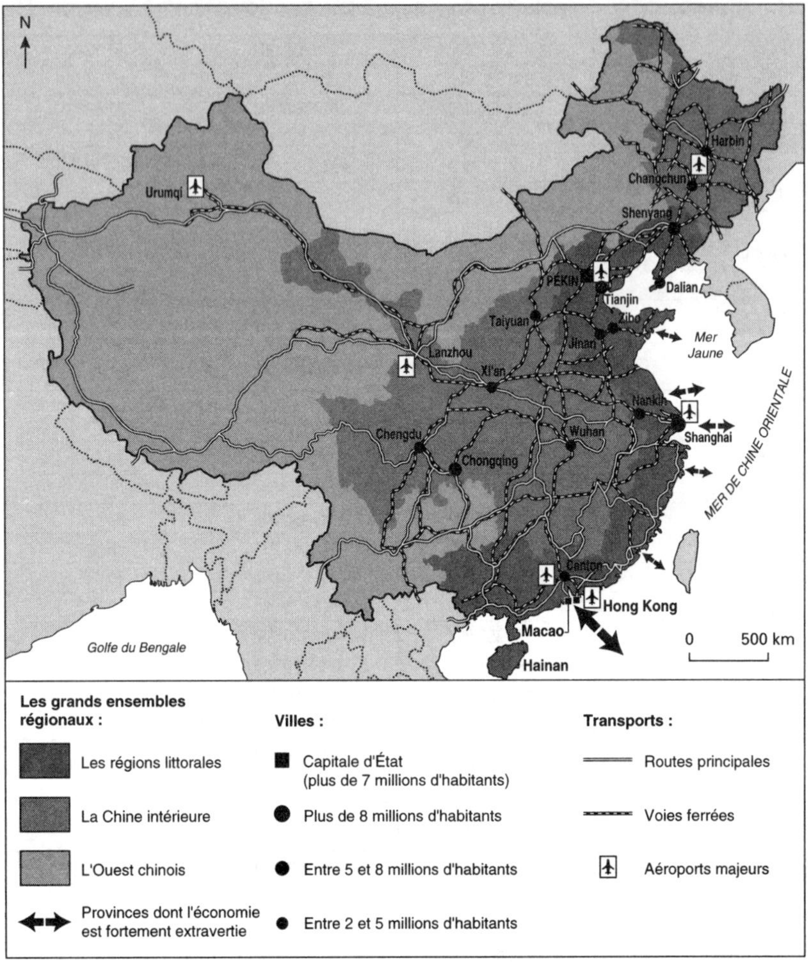

Données : Angus Maddison, Paris, OCDE, 1998, p. 199 ; *China Statistical Yearbook*, *op. cit.*, pp. 42, 62, 107, 635 et 642.

---

1. Nos critères de découpage du territoire chinois sont ainsi hiérarchisés : la situation littorale, puis la part des populations non han dans la population totale (le seuil étant situé à 20 %).
2. La population militaire chinoise est exclue des chiffres provinciaux. Les populations de Hong Kong, Macao et Taiwan ne sont pas comptées dans le chiffre national.
3. Les capitaux étrangers correspondent aux prêts et investissements étrangers effectivement engagés. Le total national ne comprend pas les prêts et investissements étrangers accordés aux ministères ou départements chinois.
4. Un yuan correspond à environ 0,75 franc.

Glossaire

Association de gens originaires d'un même lieu (*tongxianghui*) : un terme postérieur à 1911. Les *tongxianghui* réunissent dans des structures d'assistance mutuelle les Chinois d'outre-mer originaires d'une même province ou d'un même district continentaux. Elles sont structurées par une constitution, un bureau élu et des réunions publiques. Elles peuvent faire bénéficier leurs membres de réseaux hôteliers, bancaires ou commerciaux, et déboucher sur des politiques d'embauches privilégiées.

Bourg (*zhen*) : territoire administratif relevant du district et composé de comités de citadins (*jumin weiyuanhui*) et de comités de villageois (*cunmin weiyuanhui*).

Chinois d'outre-mer (*huaqiao*) : Chinois de la diaspora, les personnes qui sont chinoises par descendance mais vivent hors du Continent, de Hong Kong, de Macao et de Taiwan. La République populaire réserve juridiquement le terme de *huaqiao* aux Chinois d'outre-mer qui conservent la nationalité chinoise.

Cinq Classiques (*wujing*) : principal corpus littéraire de la tradition confucéenne. Ils comprennent les *Documents*, les *Odes*, les *Rites*, les *Mutations* et les *Annales des Printemps et des Automnes*.

Compatriotes (*tongbao*) : Chinois de Hong Kong, Macao et Taiwan.

Confiance (*xinyong*) : la confiance est issue d'une *guanxi*, d'une connaissance commune à deux personnes, et qui recommande la première à la deuxième. Elle permet la constitution de puissants réseaux d'entraide.

Confucianisme (de Confucius ou *Kong fuzi* – Maître Kong) : doctrine morale se référant à la pensée de Confucius qui propose un modèle d'homme, le *junzi* (l'homme de bien). Il s'agit d'un modèle de sagesse individuelle, fondé sur la bienveillance et la correction morale, sur le respect des générations et de l'ordre social.

Face (*mianzi*) : apparence présentée aux autres, dont on attend une reconnaissance forte. Donner la face à quelqu'un témoigne d'un sentiment de respect, d'une acceptation de la place qu'il occupe par rapport à soi et du crédit qu'on lui accorde. Faire perdre la face à quelqu'un rompt par contre la relation interpersonnelle et détruit les principes sur lesquels reposait la position – souvent hiérarchique – de l'un par rapport à l'autre.

Foyer d'une association de gens originaires d'un même lieu (*huiguan*) : le terme désigne aussi bien l'édifice où se réunissent des Chinois d'outre-mer originaires d'une même province ou d'un même district continentaux que leur association elle-même.

Homme de bien (*junzi*) : l'idéal moral de l'homme confucéen. La qualité de l'homme de bien n'est pas due à sa naissance mais à sa valeur comme être humain accompli.

Humanité (*ren*) : la notion confucéenne de *ren* – « humanité » ou « sens de l'humain » – traduit une relativité fondamentale de l'homme. L'être humain se définit dans son rapport avec les autres et il ne peut donc s'isoler d'eux.

Hutong (*hutong*) : réseaux de ruelles intérieures aux murs aveugles à Pékin. Ces murs sont régulièrement ponctués par des portes en bois donnant accès à des maisons à cour carrée (*siheyuan*).

Légisme (*fajia*) : école des tous premiers temps de l'Empire. Les légistes estimaient que la nature humaine agit en fonction des récompenses et des châtiments qu'elle encourt. En conséquence, ils se sont faits les avocats d'un pouvoir autoritaire s'appuyant sur la loi et d'une centralisation absolue. Ils ont si fortement imprégné le système politique chinois jusqu'au début de la dynastie Han que leur disparition en tant que mouvement n'a pas empêché la fusion de leur absolutisme autoritaire avec un confucianisme devenu entre-temps idéologie d'État.

Macrorégions (de l'anglais *macroregions*) : vastes régions humaines et économiques transgressant les cadres administratifs de la fin de l'Empire et qui reprenaient les limites des grands bassins hydrographiques chinois d'après Skinner. Elles pouvaient se subdiviser en des « cœurs régionaux » (*regional cores*) qui correspondent aux basses terres et concentrent en leur sein une multitude d'avantages décisifs (forte densité des moyens de transport, forte part de la population régionale, du potentiel financier et des activités économiques), et à des périphéries moins intégrées.

Maison à cour carrée (*siheyuan*) : maison pékinoise composée d'une cour carrée autour de laquelle s'articulent différents bâtiments de plain-pied. Ces maisons traditionnelles pouvaient comprendre, pour les plus riches, plusieurs cours carrées d'accès hiérarchisé.

Mégalopole asiatique ou *desakota* (issu de deux termes indonésiens *desa* et *kota*) : modèle avancé par T. G. McGee définissant certaines régions asiatiques comme des systèmes spatiaux composés par des villes principales et les espaces périurbains qui les prolongent, mais aussi par des couloirs de fortes densités de population entre ces pôles dont les activités répondent étroitement aux lois de l'économie urbaine. Des espaces ruraux densément peuplés à orientation agricole s'inscriraient dans les interstices de cette architecture spatiale.

Mu (*mu*) : unité de surface correspondant à 1/15e d'ha.

Municipalité (*shi*) : territoire essentiellement urbain pouvant se trouver à plusieurs niveaux de la hiérarchie administrative. Il existe des municipalités de rang provincial (*sheng ji shi*) que sont Pékin, Tianjin, Shanghai et Chongqing; des municipalités de rang préfectoral ou infra-provincial (*di ji shi*); et des municipalités à l'échelon du district (*xian ji shi*). Les deux premiers types se composent d'une cité – grande ou moyenne ville – et de districts majoritairement ruraux.

Quatre Livres (*sishu*) : après les Cinq Classiques, deuxième corpus de la tradition confucéenne, établi par le courant néo-confucéen au XIIe siècle. Ils sont constitués de la *Grande Étude*, de l'*Invariable Milieu*, des *Entretiens* et du *Mencius*.

Relation interpersonnelle privilégiée (*guanxi*) : la *guanxi* domine les relations sociales. Il n'est *a priori* pas possible de faire la connaissance d'une personne sans pouvoir justifier d'une connaissance commune, d'une *guanxi* qui vous recommande et vous confère ainsi valeur et crédit. Les relations interpersonnelles doivent être fondées sur un réseau de connaissances que l'on a en commun et ainsi sur la confiance qui est issue de ce réseau.

Taoïsme, de *dao* (Voie) : doctrine philosophique et religieuse animée par une mystique du vide et du non-agir (*wuwei*), de la non-intervention dans le cours naturel des choses. Il est devenu une religion populaire en intégrant la croyance aux esprits (rôle de la divination) et la croyance en l'immortalité (atteinte par des pratiques diététiques, alchimiques, ou des pratiques corporelles aux origines du *taijiquan*). En suivant la Voie, l'homme peut accéder à une certaine vertu et au bonheur.

Unité de travail (*danwei*) : l'unité de travail, réservée au monde urbain, peut correspondre à une entreprise (publique, collective, sino-étrangère...), à une administration (un ministère), à un service urbain comme les transports (une compagnie d'autobus), la santé (un dispensaire, un hôpital) ou l'éducation (un lycée, une université). Elle n'intervient pas seulement dans le domaine professionnel mais aussi dans la vie privée de ses employés. Elle fournit le logement à un loyer modéré, la crèche pour les enfants, les services de l'hôpital avec lequel elle est en lien, parfois des vacances en commun avec les collègues de travail ; elle donne également les lettres d'introduction nécessaires aux démarches à faire à l'extérieur de l'unité et peut étendre ses compétences à l'approbation ou non du mariage ou du divorce de l'un de ses membres. Aujourd'hui, les réformes remettent de plus en plus en cause la légitimité économique de ces entreprises alourdies de fonctions sociales qui handicapent leur rentabilité possible.

Bibliographie

Ces indications bibliographiques procèdent d'un choix. Elles sont réduites aux ouvrages. L'ordre ici suivi souhaite répondre aux besoins du lecteur qui voudrait approfondir par étape ses connaissances de la géographie de la Chine.

■ Outils bibliographiques

Bibliography of Asian Studies, 1971, Ann Arbor (MI), Association for Asian Studies, annuel.

Revue bibliographique de sinologie, 1983, Paris, EHESS, annuel.

■ Histoire et culture

• *Deux magistrales synthèses sont à connaître en priorité :*

GERNET, Jacques, 1972, *Le Monde chinois*, Paris, A. Colin, rééd. 1999.

CHENG, Anne, 1997, *Histoire de la pensée chinoise*, Paris, Seuil.

• *Des manuels utiles pour comprendre la Chine aujourd'hui :*

CHESNEAUX, Jean, 1969-1977 (dir.), *La Chine*, Paris, Hatier Université, 4 tomes.

BERGÈRE, Marie-Claire, *et al.*, 1989-1990, *La Chine au XXe siècle*, Paris, Fayard, 2 tomes.

ROUX, Alain, 1998, *La Chine au XXe siècle*, Paris, SEDES.

• *Deux outils sur la culture chinoise :*

BLUNDEN, Caroline, et ELVIN, Mark, 1983, *Cultural Atlas of China*, Abingdon, Checkmark Books, rééd. 1998.

Dictionnaire de la civilisation chinoise, 1998, Paris, Encyclopædia universalis/Albin Michel.

• *Une réunion d'articles sur la Chine ancienne et sa culture :*

VANDERMEERSCH, Léon, 1994, *Études sinologiques*, Paris, PUF.

• *Sur la Chine pré-impériale et impériale :*

BALAZS, Étienne, 1967, *La Bureaucratie céleste. Recherches sur l'économie et la société de la Chine traditionnelle*, Paris, Gallimard, rééd. 1988.

ELVIN, Mark, 1973, *The Pattern of the Chinese Past*, Stanford (CA), Stanford University Press.

WILL, Pierre-Étienne, 1980, *Bureaucratie et famine en Chine au XVIIIe siècle*, Paris, Mouton/EHESS.

HUANG, Ray, 1988, *China. A Macro History*, Armonk (NY), ME Sharpe, rééd. 1990.

GERNET, Jacques, 1991, *Chine et christianisme. La première confrontation*, Paris, Gallimard.

REYNAUD, Alain, 1992, *Une géohistoire. La Chine des Printemps et des Automnes*, Montpellier, Reclus.

• *Sur la République populaire avant 1978 :*

BERGÈRE, Marie-Claire, 1987, *La République populaire de Chine de 1949 à nos jours*, Paris, A. Colin.

• *Sur la Chine contemporaine après 1978 :*

AUBERT, Claude, *et al.*, 1986, *La Société chinoise après Mao. Entre autorité et modernité*, Paris, Fayard.

GENTELLE, Pierre, 1989 (dir.), *L'État de la Chine et de ses habitants*, Paris, La Découverte ; partiellement repris et mis à jour dans Pierre Gentelle, 1997, *Chine. Peuples et civilisation*, Paris, La Découverte.

DAVIS, Deborah, et VOGEL, Ezra F., 1990 (dir.), *Chinese Society on the Eve of Tian'anmen. The Impact of Reform*, Cambridge (MA), Havard University Press.

BIANCO, Lucien, 1994, *La Chine*, Paris, Flammarion.

AUBERT, Claude, *et al.*, 1996 (dir.), « La Chine après Deng », *Tiers-Monde*, 147.

LARIVIÈRE, Jean-Pierre, 1999 (dir.), *La Chine et les Chinois de la diaspora*, Paris, CNED-SEDES.

• *Les ouvrages de base sur la criminalité et le système de répression :*

ROCCA, Jean-Louis, 1991, *L'Empire et son milieu. La criminalité en Chine populaire*, Paris, Plon.

DOMENACH, Jean-Luc, 1992, *Chine : l'archipel oublié*, Paris, Fayard.

• *L'identité de la Chine en question :*

DITTMER, Lowell, et KIM, Samuel S., 1993 (dir.), *China's Quest for National Identity*, Ithaca (NY), Cornell University Press.

■ Géographie générale

• *Les grands classiques :*

RECLUS, Élisée, 1882, *Nouvelle Géographie universelle*, tome 7 : « Asie orientale », Paris, Librairie Hachette.

GOUROU, Pierre, 1940, *La Terre et l'homme en Extrême-Orient*, Paris, Flammarion, rééd. 1972.

• *Les synthèses actuelles :*

TROLLIET, Pierre, 1993, *Géographie de la Chine*, Paris, PUF, rééd. 1996.

GENTELLE, Pierre, 1994, « Chine », dans Pierre Gentelle *et al.*, 1994, *Chine, Japon, Corée*, Paris, Belin/Reclus, pp. 6-218.

GENTELLE, Pierre, et GAMBLIN, André, 1999, *Chine et « Chinois » d'outre-mer à l'orée du XXIe siècle*, Paris, SEDES.

LARIVIÈRE Jean-Pierre, et MARCHAND, Jean-Pierre, 1999, *Géographie de la Chine*, Paris, A. Colin.

• *Un atlas provincial :*

Atlas of the People's Republic of China, 1989, Foreign Languages Press et China Cartographic Publishing House.

• *Des ouvrages plus anciens :*

CRESSEY, George Babcock, 1934, *China's Geographic Foundations. A Survey of the Land and its People*, New York et Londres, McGraw-Hill Book Company.

BUCHANAN, Keith, 1973, *L'Espace chinois. Ses transformations des origines à Mao Zedong*, Paris, A. Colin.

BÉJA, Jean Philippe, et TROLLIET, Pierre, 1986, *L'Empire du milliard. Population et société en Chine*, Paris, A. Colin.

• *La géographie chinoise :*

CHEN, Zhengxiang, 1984, *China. Essays on Geography*, Hong Kong, Joint Publishing Co.

ZHAO, Songqiao, 1994, *Geography of China. Environment, Resources, Population and Development*, New York, John Wiley and Sons.

• *Autres ouvrages :*

CANNON, Terry, et JENKINS, Alan, 1990 (dir.), *The Geography of Contemporary China. The Impact of Deng Xiaoping's Decade*, Londres, Routledge.

LEEMING, Frank, 1993, *The Changing Geography of China*, Oxford, Blackwell.

■ Géographie physique

• *Deux excellentes présentations chinoises :*

ZHAO, Songqiao, 1986, *Physical Geography of China*, New York, John Wiley and Sons.

REN, Mei'e, *et al.*, 1989, *Géographie physique de la Chine*, Pékin, Éditions en langues étrangères.

• *Deux numéros spéciaux des* Annales de géographie *:*

« Milieux physiques et relations hommes/nature en Chine », 1992, Paris, *Annales de géographie*, 566.

« Asie centrale, Chine : relations milieux physiques/sociétés », 1992, Paris, *Annales de géographie*, 567.

• *Un ouvrage chinois qui fit grand bruit à la fin des années 1980 :*

HE, Bochuan, 1991, *China on the Edge. The Crisis of Ecology and Development*, San Francisco (CA), China Books and Periodicals, Inc.

• *Les questions environnementales :*

SMIL, Vaclav, 1984, *The Bad Earth. The Environmental Degradation in China*, Armonk (NY), ME Sharpe.

SMIL, Vaclav, 1993, *China's Environmental Crisis. An Inquiry into Limits of National Development*, Armonk (NY), ME Sharpe.

EDMONDS, Richard Louis, 1994, *Patterns of China's Lost Harmony. A Survey of the Country's Environmental Degradation and Protection*, Londres, Routledge.

« China's Environment », 1998, *The China Quarterly*, Londres, 156.

• *Le barrage des Trois Gorges :*

THIBODEAU, John G., et WILLIAMS, Philip B., 1998, *The River Dragon Has Come! The Three Gorges Dam and the Fate of China's Yangtze River and Its People*, Armonk (NY), ME Sharpe.

■ Statistiques

• *Un essai de reconstitution historique :*

MADDISON, Angus, 1998, *L'Économie chinoise. Une perspective historique*, Paris, OCDE.

• *L'annuaire de base :*

China Statistical Yearbook, 1981, Pékin, China Statistical Publishing House, annuel.

■ Population

• *Deux classiques de la démographie chinoise :*

HO, Ping-ti, 1959, *Studies on the Population of China, 1368-1953*, Cambridge (MA), Havard University Press.

BANISTER, Judith, 1987, *China's Changing Population*, Stanford (CA), Standford University Press.

• *Le point sur le recensement de 1990 :*

LARIVIÈRE, Jean-Pierre, 1994, *Les Chinois*, Paris, Masson.

• *Une synthèse exemplaire sur les politiques démographiques :*

BLAYO, Yves, 1997, *Des politiques démographiques chinoises*, Paris, INED/PUF.

• *Un atlas qui reste utile :*

The Population Atlas of China, 1988, New York, Oxford University Press.

• *Les minorités nationales :*

MOSER, L.J., 1985, *The Chinese Mosaic. The Peoples and Provinces of China*, Londres, Westview Press.

HARRELL, Stevan, 1994 (dir.), *Cultural Encounters on China's Ethnic Frontiers*, Seattle, University of Washington Press.

MACKERRAS, Colin, 1994, *China's Minorities : Integration and Modernization in the Twentieth Century*, Hong Kong, Oxford University Press.

MACKERRAS, Colin, 1995, *China's Minority Cultures : Identities and Integration since 1912*, New York, Longman.

■ Économie

• *Deux ouvrages classiques :*

DONNITHORNE, Audrey, 1967, *China's Economic System*, Londres, Allen and Unwin.

PERKINS, D., 1975, *China's Economic Development in Historical Perspective*, Stanford (CA), Stanford University Press.

• *Les atlas :*

GENTELLE, Pierre, et MAZUREK, Hubert, 1987, *Chine, un atlas économique*, Paris, Fayard/Reclus.

The National Economic Atlas of China, 1994, Hong Kong, Oxford University Press.

• *Des approches spatiales :*

SUN, Jingzhi, 1988 (dir.), *The Economic Geography of China*, Hong Kong, Oxford University Press.

LINGE, G.H.R., et FORBES, D.K., 1990 (dir.), *China's Spatial Economy. Recent Developments and Reforms*, Hong Kong, Oxford University Press.

LINGE, G.H.R., 1997 (dir.), *China's New Spatial Economy. Heading towards 2020*, Oxford, Oxford University Press.

GENTELLE, Pierre, 1999 (dir.), *Économie et régions de la Chine*, Paris, A. Colin.

• *Des ouvrages très utiles :*

LEMOINE, Françoise, 1994, *La Nouvelle Économie chinoise*, Paris, La Découverte.

CABRILLAC, Bruno, 1997, *Économie de la Chine*, Paris, PUF.

• *Une analyse économique avec de nombreux documents :*

GIPOULOUX, François, 1993, *La Chine vers l'économie de marché ? La longue marche de l'après-Mao*, Paris, Nathan.

• *Autres ouvrages :*

FEUCHTWANG, S., *et al.*, 1988 (dir.), *Transforming China's Economy in the Eighties*, Boulder, Westview Press, 2 volumes.

HENRIOT, Christian, et SHI, Lu, 1996, *La Réforme des entreprises en Chine. Les entreprises shanghaiennes entre État et marché*, Paris, L'Harmattan.

EYRAUD, Corinne, 1999, *L'Entreprise d'État chinoise. De l'« institution sociale totale » vers l'entité économique ?*, Paris, L'Harmattan.

■ Administration et politique

• *Un ouvrage devenu classique :*

WITTFOGEL, Karl, 1957, *Le Despotisme oriental*, Paris, éditions de Minuit.

• *Une réflexion sur le système politique chinois :*

KUHN, Philip A., 1999, *Les Origines de l'État chinois moderne*, Paris, EHESS.

• *Des ouvrages utiles :*

CABESTAN, Jean-Pierre, 1994, *Le Système politique de la Chine populaire*, Paris, PUF.

LIEBERTHAL, Kenneth, 1995, *Governing China. From Revolution through Reform*, New York, W.W. Norton and Company, Inc.

POULPIQUET, Valérie de, 1998, *Le Territoire chinois*, Paris, LGDJ.

• *Une précieuse analyse des structures administratives :*

CABESTAN, Jean-Pierre, 1992, *L'Administration chinoise après Mao. Les réformes de l'ère Deng Xiaoping et leurs limites*, Paris, CNRS.

■ Monde rural

• *Une référence historique :*

HINTON, William H., 1971, *Fanshen. La révolution communiste dans un village chinois*, Paris, Plon.

• *Des analyses sociologiques dont la lecture est indispensable :*

FEI, Hsiao-tung, 1989, *Rural Development in China. Prospect and Retrospect*, Chicago, University of Chicago.

• *Sont à lire les articles de Claude Aubert, le meilleur spécialiste français des questions agricoles en Chine. Par exemple :*

AUBERT, Claude, 1997, « L'agriculture chinoise : pour une approche régionale », dans *Déméter 97/98. Économie et stratégies agricoles*, Paris, A. Colin.

■ Villes

• *Sur la Chine pré-impériale et impériale :*

WHEATLEY, Paul, 1971, *The Pivot of Four Quarters. A Preliminary Enquiry into the Origins and Character of the Ancient Chinese City*, Chicago (MI), Aldine Publishing Company.

SKINNER, G. William, 1977, *The City in Late Imperial China*, Stanford (CA), Stanford University Press.

• *Sur la Chine contemporaine entre 1842 et 1949 :*

ELVIN, Mark, et SKINNER, G.William, 1974, *The Chinese City between Two Worlds*, Stanford (CA), Stanford University Press.

• *L'urbanisation et la notion de population urbaine :*

KIRKBY, R.J.R., 1985, *Urbanization in China. Town and Country in a Developing Economy 1949-2000 AD*, Londres, Croom Helm.

GENTELLE, Pierre, 1992, « Chine : l'irrésistible urbanisation », Paris, *Problèmes économiques et sociaux*, 682.

CHAN, Kam-wing, 1994, *Cities with Invisible Walls. Reinterpreting Urbanization in Post-1949 China*, Hong Kong, Oxford University Press.

• *Les villes chinoises aujourd'hui :*

LEWIS, W., 1971 (dir.), *The City in Communist China*, Stanford (CA), Stanford University Press.

KWOK, R. Yin-wang, *et al.*, 1990 (dir.), *Chinese Urban Reform. What Model now ?*, Armonk (NY), ME Sharpe.

GULDIN, Gregory Eliyu, 1992 (dir.), *Urbanizing China*, New York, Greenwood Press.

TAUBMANN, Wolfgang, 1993 (dir.), *Urban Problems and Urban Development in China*, Hamburg, Mitteilung des Instituts für Asienkunde.

HENRIOT, Christian, et DELISSEN, Alain, 1995, *Les Métropoles chinoises au XXe siècle*, Paris, Arguments.

YUSUF, S., et WU, Weiping, 1997, *The Dynamics of Urban Growth in Three Chinese Cities*, New York, Oxford University Press.

• *La forme des villes :*

HOA, Léon, 1981, *Reconstruire la Chine : trente ans d'urbanisme, 1949-1979*, Paris, Moniteur.

Atlas of Cities of China, 1994, Pékin, Éditions cartographiques.

• *La société urbaine :*

WHYTE, Martin King, et PARISH, William L., 1984, *Urban Life in Contemporary China*, Chicago et Londres, The University of Chicago Press.

DAVIS, Deborah, *et al.*, 1995 (dir.), *Urban Spaces in Contemporary China. The Potential for Autonomy and Community in Post-Mao China*, Cambridge (NY), Woodrow Wilson Center Press et Cambridge University Press.

IKELS, Charlotte, 1996, *The Return of the God of Wealth. The Transition to a Market Economy in Urban China*, Stanford (CA), Stanford University Press.

• *Les mégalopoles :*

GINSBURG, Norton, *et al.*, 1991 (dir.), *The Extended Metropolis. Settlement Transition in Asia*, Honolulu, University of Hawaii Press. *Lire notamment :* MCGEE, T.G., « The emergence of *desakota* regions in Asia : expanding a hypothesis », pp. 3-25.

• *Un reflet des recherches chinoises :*

BURGEL, Guy, *et al.*, 1996, « Villes chinoises », Paris, *Villes en parallèle*, 23-24.

• *Des études de cas :*

SIT, Victor F.-S., 1988 (dir.), *Chinese Cities. The Growth of the Metropolis since 1949*, Hong Kong, Oxford University Press.

YEUNG, Yue-man, et HU, Xuwei, 1992, *China's Coastal Cities. Catalysts for Modernization*, Honolulu, University of Hawaii Press.

■ Géographie régionale

• *Les relations Centre/périphérie :*

JIA, Hao, et LIN, Zhimin, 1994, *Changing Central-Local Relations in China. Reform and State Capacity*, Boulder (CO), Westview Press.

LI, Linda Chenla, 1998, *Centre and Provinces. China 1978-1993. Power as Non-zero-sum*, New York, Oxford University Press.

• *Les questions régionales :*

GOODMAN, David S.G., 1989 (dir.), *China's Regional Development*, Londres, Routledge.

GOODMAN, David S.G., et SEGAL, Gerald, 1994 (dir.), *China Deconstructs. Politics, Trade and Regionalism*, Londres, Routledge.

GOODMAN, David S.G., 1997 (dir.), *China's Provinces in Reform. Class, Community and Political Culture*, Londres, Routledge.

PAIRAULT, Thierry, 1997 (dir.), « Une Chine plurielle », Paris, *Le Courrier des Pays de l'Est*, 418.

• *Un état des provinces :*

ZHOU, Shunwu, 1992, *China Provincial Geography*, Pékin, Foreign Languages Press.

• *Les atlas :*

HSIEH, Hsiao-min, *et al.*, 1996, *China. A Provincial Atlas*, Londres, MacMillan.

• *Le Nord-Est :*

GODRON, Anne, 1996, « La Chine face à l'URSS de Gorbatchev, 1985-1991. Le défi économique ou la confiance d'une nation devant le déclin d'un monde », Paris, thèse de doctorat (INALCO).

CHAUVIRÉ, Marie-Astrid, 1999, « La frontière sino-russe et les nouveaux équilibres régionaux en Extrême-Orient », Paris, mémoire de maîtrise (université Paris-I).

• *Pékin :*

LI, Xin, 1991, *Petit atlas de la région de Pékin*, Paris, IAURIF.

SIT, Victor F.-S., 1995, *Beijing. The Capital City*, Chilchester, John Wiley and Sons.

HOOK, Brian, 1998 (dir.), *Peking and Tianjin. Towards a Millenial Megalopolis*, Hong Kong, Oxford University Press.

• *Le Shandong :*

GIROIR, Guillaume, 1994, « Le Shandong, étude géographique d'une province chinoise », Paris, thèse de doctorat (université Paris-IV).

• *Shanghai :*

YEUNG, Yue-man, et SUNG, Yun-wing, 1996 (dir.), *Shanghai. Transformation and Modernization under China's Open Policy*, Hong Kong, the Chinese University Press.

GED, Françoise, 1997, « Shanghai. Habitat et structure urbaine 1842-1995 », Paris, thèse de doctorat (EHESS).

HOOK, Brian, 1998 (dir.), *Shanghai and The Yangtze Delta : a City Reborn*, Hong Kong, Oxford University Press.

• *Le Fujian :*

LYONS, Thomas P., et NEE, Victor, 1994 (dir.), *The Economic Transformation of South China. Reform and Development in the Post-Mao Era*, Ithaca (NY), Cornell University Press.

HOOK, Brian, 1996 (dir.), *Fujian Gateway to Taiwan*, Hong Kong, Oxford University Press.

• *Le Guangdong :*

VOGEL, Ezra F., 1989, *One Step ahead in China. Guangdong under Reform*, Cambridge (MA), Harvard University Press.

YEUNG, Yue-man, et CHU, David Kim-Yu, 1994 (dir.), *Guangdong. Survey of a Province Undergoing Rapid Change*, Hong Kong, the Chinese University Press, rééd. 1998.

• *Le delta de la rivière des Perles :*

LIN, George C. S., 1997, *Red Capitalism in South China. Growth Development of the Pearl River Delta*, Vancouver, University of British Columbia Press.

SANJUAN, Thierry, 1997, *À l'ombre de Hong Kong. Le delta de la rivière des Perles*, Paris, L'Harmattan.

• *Hong Kong :*

BEJA, Jean-Philippe, 1993 (dir.), *Hong Kong 1997. Fin du siècle, fin d'un monde ?*, Bruxelles, Complexe.

DUFOUR, Jean-François, 1997, *Hong Kong. Enjeux d'une transition historique*, Paris, Le Monde Éditions.

• *Le Xinjiang :*

RUDELSON, J.-J., 1997, *Oasis Identities. Uyghur Nationalism Along China's Silk Road*, New York, Columbia University Press.

• *Taiwan :*

GAMBLIN, André, 1992, *Taiwan, République de Chine. La victoire du dragon*, Paris, SEDES.

Taiwan : économie, société et culture. Actes du colloque des 28 et 29 avril 1998, 1999, Paris, Fondation Singer-Polignac.

■ Géopolitique

• *Des ouvrages très utiles* :

JOYAUX, François, 1985, *La Politique extérieure de la Chine populaire*, Paris, PUF.

DUFOUR, Jean-François, 1999, *Géopolitique de la Chine*, Bruxelles, Complexe.

• *Une étude approfondie* :

JOYAUX, François, 1994, *La Tentation impériale. Politique extérieure de la Chine depuis 1949*, Paris, Imprimerie nationale.

• *Sous l'angle économique* :

PAIRAULT, Thierry, 1995 (dir.), « La Chine et les pays d'Asie orientale », Paris, *Le Courrier des Pays de l'Est*, 399.

• *Les relations avec Taiwan :*

CABESTAN, Jean-Pierre, 1995, *Taiwan, Chine populaire : l'impossible réunification*, Paris, Dunod.

• *En mer de Chine du Sud :*

LASSERRE, Frédéric, 1996, *Le Dragon et la mer. Stratégies géopolitiques chinoises en mer de Chine du Sud*, Paris, L'Harmattan.

■ **Images de la Chine**

• *D'utiles numéros de la Documentation photographique consacrés à la Chine :*

GENTELLE, Pierre, 1990, *La Chine*, Paris, La Documentation photographique, 7002.

GENTELLE, Pierre, 1996, *Chine 2000*, Paris, La Documentation photographique, 7034.

■ **Actualité de la Chine**

• *Une collection très précieuse :*

China Review, 1991, Hong Kong, The Chinese University Press, annuel.

• *Une revue d'actualité scientifique à Hong Kong :*

Perspectives chinoises, Hong Kong, bimestriel.

• *Les périodiques scientifiques :*

Asian Geographer, Hong Kong, semestriel.

The China Quarterly, Londres, trimestriel.

Chinese Geography and Environment, Armonk (NY), trimestriel.

Le Courrier des Pays de l'Est, Paris, mensuel.

Études chinoises, Paris, annuel.

Modern China, Ann Arbor (MI), trimestriel.

• *Une revue hebdomadaire indispensable :*

Far Eastern Economic Review, Hong Kong, hebdomadaire.

■ **Diaspora**

• *La meilleure entrée en matière :*

TROLLIET, Pierre, 1994, *La Diaspora chinoise*, Paris, PUF, rééd. 1999.

• *Une présentation culturelle, historique et par pays :*

PAN, Lynn, 1998 (dir.), *The Encyclopedia of the Chinese Overseas*, Singapour, Chinese Heritage Centre (Nanyang Technological University).

• *Autres ouvrages :*

WANG, Gung-wu, 1991, *China and the Chinese Overseas*, Singapour, Times Academic Press.

LEUER-TRACY, C., *et al.*, 1996, *The Chinese Diaspora and Mainland China*, Londres, MacMillan.

• *Une étude de cas :*

BERJEAUT, Julien, 1999, *Chinois à Calcutta. Les tigres du Bengale*, Paris, L'Harmattan.

La chapitre 10 de ce livre reprend pour partie mon article « Mutation des rapports ville-campagne et mégalopolis asiatiques : l'exemple chinois » 1999, dans Jean-Louis Chaléard et Alain Dubresson (dir.), Villes et campagnes dans les pays du Sud. Géographie des relations, *Paris, Karthala, pp. 237-256.*

Index

Table des matières

TROISIÈME PARTIE

MUTATIONS ET DÉFIS

Table des textes

Table des cartes

Collection CARRÉ GÉOGRAPHIE

- Jacques SCHEIBLING, *Qu'est-ce que la géographie ?*
- Philippe PIERCY, *Les Diversités régionales de la France.*
- Jacques SCHEIBLING, Félix DAMETTE, *La France. Permanences et mutations.*
- Jacques LÉVY, *Europe. Une géographie.*

Achevé d'imprimer en France sur les presses de Jouve - N° 278479C
Dépôt légal : 576- - 02/00 - Collection n° 82 - Édition n° 01 - 14/5131/9